ARMORIAL

DES

CARDINAUX

ARCHEVÊQUES ET EVÊQUES

CONTEMPORAINS DE FRANCE

Avec 885 Blasons

NOUVELLE ÉDITION

PARIS

RETAUX-BRAY, LIBRAIRE-ÉDITEUR

82, rue Bonaparte, 82

M DCCC LXXXVI

ARMORIAL

DES

CARDINAUX

ARCHEVÊQUES ET ÉVÈQUES

CONTEMPORAINS DE FRANCE

—◦◊◦◊◦—

SAINT-QUENTIN

A. BRAY ET Cⁱᵉ, IMPRIMEURS

—◦◊ ◊◦—

ARMORIAL

DES

CARDINAUX

ARCHEVÊQUES ET ÉVÊQUES

CONTEMPORAINS DE FRANCE

Avec 86 Écussons gravés

NOUVELLE ÉDITION

PARIS

RETAUX-BRAY, LIBRAIRE-ÉDITEUR

82, rue Bonaparte, 82.

—

M DCCC LXXXVI

*Il y a douze ans nous avons publié pour la première fois l'*Armorial des Cardinaux, Archevêques et Evêques, contemporains de France; *ce petit travail fut accueilli avec faveur.*

Depuis cette époque plus de 60 sièges ont vu changer leurs titulaires. Il nous a donc paru opportun de publier une nouvelle édition entièrement refondue offrant les armoiries des nouveaux Prélats.

La Semaine religieuse *du diocèse de Soissons s'exprimait ainsi en* 1875 *au sujet de cet ouvrage :*

« *Voici une excellente publication, un livre aussi curieux que modeste à tous les points de vue. Edité dans ce département, avec le concours de ses artistes et par un de ses enfants, il n'a pas cru devoir rechercher la réclame d'un luxe inutile, mais se présenter à ses lecteurs avec la recommandation d'une exécution soignée et d'une science de bon aloi. Il a bien fait et nous en félicitons son auteur. Aussi pouvons-nous espérer, grâce à ces qualités simples et réelles, que cet ouvrage se trouvera bientôt non seulement dans le cabinet du savant héraldiste, mais dans chaque presbytère où se rencontre, avec l'amour des fortes études religieuses, l'admiration pour nos gloires nationales et en particulier pour notre épiscopat contemporain ; car le clergé n'ignore pas que si nos anciens évêques ont fait la France comme les abeilles font leurs ruches, leurs successeurs n'ont rien négligé pour soutenir la grande œuvre de leurs devanciers.*

« *Cette publication est donc aussi complètee que possible. Elle a des droits, croyons-nous, à être connue du clergé français auquel elle sera très-utile. Le prêtre ne doit rien ignorer de ce qui concerne les dignitaires ecclésiastiques et il trouvera dans ce petit volume une foule de renseignements qu'il chercherait vainement ailleurs.* »

Les armoiries épiscopales méritent d'être recueillies et conservées, car, au point de vue historique et même archéologique, elles ont une grande valeur : en effet, ces armes sont, non-seulement apposées sur les documents émanant des prélats, mais elles sont aussi sculptées dans leurs palais, sur les œuvres pies de leur fondation, sur les édifices religieux qu'ils consacrent, et enfin sur leur tombeau.

Mus par ces considérations, plusieurs auteurs ont publié des armoriaux des évêques par diocèses, entre autres Mgr Barbier de Montault, pour Angers; MM. Alfred de Longpérier,

*pour Meaux ; Julliot, pour Sens ; J. Thieury,
pour Rouen ; Arthur de Marsy, pour Amiens,
Laon, Noyon, Senlis, Soissons ; Daguin, pour
Langres ; l'abbé Coffinet, pour Troyes ; et
Baudot, pour Dijon, etc.*

*Telles sont aussi les raisons qui nous ont fait
entreprendre l'*ARMORIAL DES CARDINAUX,
ARCHEVÊQUES ET ÉVÊQUES CONTEMPORAINS
DE FRANCE.

*Cet ouvrage se compose : D'une étude suc-
cincte sur les titres et les fonctions des cardinaux,
des archevêques et des évêques ; sur les chapeaux,
qui jouent un rôle d'une très-grande importance
dans la composition des armoiries d'un prélat,
à tel point que, si l'on n'observe pas les règles
auxquelles ils sont soumis, on transforme un
évêque en archevêque et un archevêque en
cardinal, simplement en ajoutant quelques houppes au chapeau ; l'étude se continue sur la mître,
la crosse, la croix, les couronnes, le pallium,*

l'épée, la devise, les titres, le sceau, les armoiries ecclésiastiques, les règles de la composition des dites armoiries, que tous ceux à qui un prélat confie l'exécution de son écusson devraient s'appliquer à suivre bien exactement, afin d'éviter des erreurs souvent grossières; et enfin sur les auditeurs de Rote.

Puis nous donnons, dans l'ordre alphabétique des diocèses, les écussons gravés représentant les armoiries des cardinaux, archevêques et évêques actuels et de ceux récemment décédés. Ces écussons ont été exécutés avec le plus grand soin, en gravure typograpique, par la maison Fernique de Paris.

Ils sont la reproduction exacte des blasons qui nous ont été communiqués par les secrétariats des sièges et à l'exécution desquels nous avons veillé avec la plus scrupuleuse attention.

Chaque écusson est accompagné de la description des armoiries et d'une notice sommaire sur chaque prélat; ces notices sont, pour la plupart, extraites de la France ecclésiastique, ou ont été rédigées d'après les documents puisés au Ministère des Cultes, par M. l'Abbé Chrétien, missionnaire apostolique et vicaire de la Cathédrale de Noyon, à qui le lecteur nous permettra d'offrir de publics remercîments pour les nombreux renseignements qu'il a eu l'obligeance de nous fournir.

Nous terminons par une statistique sur l'épiscopat français, suivie d'une table des noms de famille des prélats, dont les armoiries sont représentées dans l'ouvrage.

Nous nous sommes spécialement attaché à donner les descriptions des armoiries des prélats exactement d'après les règles héraldiques.

Nous ne pouvons terminer cette courte préface sans remercier Mgr Barbier de Monthault, camérier du Pape, de la précieuse communication qu'il a daigné nous faire de son savant travail sur les Armoiries ecclésiastiques d'apiès le droit commun[1] travail auquel nous avons fait de nombreux emprunts, qui nous fournissent des preuves sérieuses et irréfutables venant à l'appui des règles établies pour la composition des armoiries des prélats.

H. T.

1. Extrait de la Revue de l'Art chrétien, t. XV.

ARMORIAL

DES

CARDINAUX, ARCHEVÊQUES ET ÉVÊQUES

CONTEMPORAINS DE FRANCE

———✳———

DU CARDINAL

✝

Les cardinaux sont les princes de l'Église
romaine ; ils forment le Sénat et le Conseil du
Souverain Pontife, et composent le sacré
Collège chargé de l'élection des Papes. Leur
institution remonte à la plus haute antiquité ;
on veut généralement en voir l'origine dans
cette distribution que le Pape saint Évariste
fit, vers le milieu du IIᵉ siècle, des titres et
églises de Rome aux prêtres qui étaient autour
de lui.

En 1580, le Pape Sixte V fixa le nombre
des cardinaux à soixante-dix, soit en souvenir
des soixante-dix vieillards que Moïse s'adjoi
gnit pour le gouvernement du peuple d'Israël,
soit pour rappeler les soixante-dix disciples

de Jésus-Christ. Le même Pape, dans la soixante-seizième de ses constitutions, appelle les cardinaux la *plus noble parlie* et les *principaux membres* du corps de l'Église.

On distingue trois ordres de cardinaux : les évêques, les prêtres et les diacres.

Le titre spécial de cardinal-évêque est donné à six cardinaux titulaires des évêchés suburbicaires, ainsi appelés à cause de leur situation dans la banlieue de Rome.

Celui de cardinal-prêtre à cinquante titulaires.

Le titre de cardinal-diacre est celui des quatorze derniers.

Un cardinal *in petlo* est celui qui n'est pas actuellement proclamé cardinal, pour des motifs dont le Pape est seul juge, mais qui est réservé pour une prochaine promotion.

Le cardinal-évêque d'Ostie et Velletri est le premier et le doyen de tous les cardinaux ; il a seul le droit de sacrer le Pape. C'est actuellement Mgr Charles Sacconi, de Montalto.

Le chapeau rouge leur a été donné, au concile de Lyon, comme marque de leur dignité, par Innocent IV, en 1245 ; Paul II leur permit de porter la calotte et la barrette rouges, en 1464 ; Boniface VIII joignit à ces insignes la robe de pourpre ; en 1630, Urbain VIII décréta qu'il porteraient le titre d'*Éminence*.

En Europe les cardinaux portent le deuil en violet.

Avant 1789, la France avait ordinairement dix cardinaux. Aujourd'hui, le nombre est restreint à *six*.

Les cardinaux français actuels, au nombre de six, sont tous de l'ordre des *cardinaux-prêtres*, de la création du Souverain Pontife Léon XIII, sauf S. E. Mᵍʳ Caverot, archevêque de Lyon, créé cardinal par le Pape Pie IX.

DE L'ARCHEVÊQUE

L'archevêque, en France, est à la fois évêque d'un diocèse et chef d'une province ecclésiastique dont les autres évêques sont suffragants.

On l'appelle *métropolitain* pour le distinguer des archevêques immédiatement soumis au Saint-Siège[1], n'ayant que le titre archiépiscopal sans avoir la juridiction sur une pro vince ecclésiastique, ni le droit du *pallium* et le port de la croix métropolitaine.

Le titre d'archevêque ne paraît pas remonter au delà du IVe siècle ; saint Athanase, qui vivait à cette époque, est le premier qui en fasse mention en le donnant à Alexandre, son pré décesseur ; mais ce n'était simplement qu'un titre honorifique.

En 1789, il y avait en France dix-huit archevêchés qui avaient leur siège à Aix, Albi, *Arles*, Auch, Besançon, Bordeaux, Bourges, Cambrai, *Embrum*, Lyon, *Narbonne*, Paris, Reims, Rouen, Sens, Toulouse, Tours et *Vienne*[2].

En 1791, l'Assemblée constituante sup prima les archevêchés.

En 1801, le Concordat rétablit dix arche vêchés ayant leur siège à Aix, Besançon, Bordeaux, Bourges, Lyon, Malines (Belgique), Paris, Rouen, Toulouse et Tours.

---

1. Les archevêques immédiatement soumis au Saint Siège sont au nombre de douze, dont dix en Italie et les archevêques IN PARTIBUS.

2. Dans cette liste les archevêchés supprimés sont indiqués en itali ques.

En 1815, la circonscription de la France étant redevenue la même, Malines fut retranché.

Le Concordat de 1817 modifia cette division et la remplaça par une organisation nouvelle comprenant dix-huit archevêchés qui existent encore actuellement, moins Arles et Narbonne, et auxquelles il faut ajouter Cambrai, Rennes et Alger. Cambrai, désigné pour un archevêché en 1822, resta sous la métropole de Paris comme simple évêché jusqu'en 1842; Rennes sous celle de Tours jusqu'en 1859, et Alger sous celle d'Aix jusqu'en 1867.

Voici le tableau des dix-huit archevêchés actuels :

Aix, Albi, Alger, Auch, Avignon, Besançon, Bordeaux, Bourges, Cambrai, Chambéry, Lyon ; Paris, Reims, Rennes, Rouen, Sens, Toulouse et Tours.

DE L'ÉVÊQUE

L'évêque est un dignitaire de l'Eglise chargé de la direction spirituelle d'un diocèse.

En France, les évêques sont désignés par

décret du chef de l'État, sur la présentation du ministre des Cultes ; mais, avant qu'ils puissent exercer leur juridiction épiscopale, plusieurs formalités doivent être remplies ; les principales sont : 1° L'*Information cano-nique*, 2° la *Proposition*, 3° la *Préconisation*, 4° les *Provisions*, 5° le *Serment* d'obéissance au Pape et au chef de l'État. (Voir ces mots, page 9.)

Dans les premiers temps de l'Église, tout le peuple était appelé à élire les évêques ; sous Charles VII, seuls les chapitres des métropoles et des cathédrales élisaient leurs évêques ; le Concordat passé entre Léon X et François Ier donne au Roi seul le droit de nommer les évêques. Anciennement, on exi-geait que l'évêque fût tiré du clergé même du diocèse dont il devait devenir le chef; aujour-d'hui, il n'en est plus ainsi.

Les évêques forment quatre classes : 1° Les évêques acéphales ; 2° les évêques dépendant d'un métropolitain ; 3° les évêques *in partibus;* 4° les évêques démissionnaires.

1° Un évêque acéphale est celui qui ne relève d'aucun métropolitain, et qui est im-médiatement soumis au Saint-Siège. 2° Les évêques dépendant d'un métropolitain sont les chefs des diverses provinces ecclésiastiques du monde apostolique. 3° L'évêque *in partibus infidelium,* ou évêque sans diocèse, est celui qui porte le titre d'une ville où il n'existe pas d'administration ecclésiastique. Cette dénomination date de l'époque des Croisades, lorsque tous les évêques furent chassés, par les Sarrasins, de Jérusalem et des autres terres d'Orient et se retirèrent en Italie, où, pour les faire subsister, on leur attribua des coadjutoreries. En général, les évêques *in partibus* sont ceux dont les sièges, tombés au pouvoir des infidèles, sont administrés au nom du Pape par des vicaires ou des préfets apostoliques. 4° Les évêques démissionnaires sont ceux que l'âge, l'infirmité ou toute autre raison ont obligé à se démettre du souci et de la sollicitude pastorale, et qui, vu le caractère indélébile dont ils sont revêtus, conservent les honneurs et les insignes épiscopaux.

On distingue, en outre, les *évêques coadjuteurs* et les *évêques auxiliaires,* revêtus du caractère épiscopal. Les premiers sont donnés aux évêques titulaires, que l'âge ou les infirmités empêchent de remplir en tout ou en partie les devoirs de leur charge ; ils sont, pour l'ordinaire, appelés à les remplacer sur leurs sièges, alors on les nomme : coadjuteur avec future succession.

Les *évêques auxiliaires,* nommés aussi *suffragants,* sont donnés comme aides, aux évêques dont les diocèses sont trop étendus ou trop difficiles à visiter ou à surveiller, mais sans future succession.

Il y a des évêques assistant au Trône pontifical ; parmi eux il en est qui font partie des Congrégations du Saint-Office ; en général leur principale fonction consiste à assister le Pape dans les cérémonies ; ils siègent sur les degrés du Trône et tiennent le missel et le bougeoir.

Les évêques sont vêtus de violet. En dehors de la mître et de la crosse, ils portent, comme insignes de leur dignité, la croix pectorale et l'anneau.

Des principales formalités qui doivent être remplies, avant que l'évêque désigné puisse exercer sa juridiction épiscopale.

1° L'*Information canonique* est une instruction faite sur le futur évêque, sur sa conduite, ses mœurs, sa science, le ministère qu'il a exercé.

Un procès-verbal de cette instruction est dressé et envoyé à Rome à un cardinal rapporteur.

2° Le cardinal qui reçoit ce procès-verbal le soumet à l'examen d'une commission de trois cardinaux, qui décide si le candidat sera présenté dans le prochain consistoire. Cet acte est la *Proposition*.

La date des Bulles s'expédie du jour de la Préconisation.

3° Dans le consistoire suivant, les mérites du sujet proposé sont de nouveau reconnus; sa future promotion est adoptée, c'est la *Préconisation*.

4° Les *Provisions*. Alors, le Pape, après avoir pris l'avis des cardinaux, ordonne l'expédition des Bulles. L'une, celle qui contient les provisions, est envoyée au futur évêque; la seconde, qu'on appelle MUNUS CONSECRATIONIS, au prélat consécrateur; la troisième, au chef de l'État; la quatrième, au métropolitain; quand ce sont des Bulles pour un archevêque, elles s'adressent aux évêques suffragants ; la cinquième au clergé et au peuple.

5° Les *Serments d'obéissance* au chef de l'État et au Souverain Pontife ont lieu avant le sacre.

Des principales cérémonies du sacre d'un évêque.

Les cérémonies du sacre d'un évêque sont les suivantes : 1° La lecture des Bulles de nomination ; 2° la profession de foi canonique ; 3° l'examen du nouvel élu par les interrogations déterminées et prescrites dans le Pontifical romain ; 4° la messe commence ; 5° l'élu se prosterne sur les marches de l'autel, le consécrateur seul se relève et demande au Seigneur qu'il daigne bénir, sanctifier et consacrer l'élu de Dieu et de son Eglise, c'est la cérémonie de la prostration ; 6° le livre des saints Evangiles ouvert est placé sur la tête et les épaules du nouveau pontife, et y reste jusqu'au moment où il est déposé entre ses mains consacrées ; 7° imposition des mains par le consécrateur et ses assistants ; 8° onction sur la tête et sur les mains de l'élu ; 9° présentation à l'évêque consécrateur des dons du consacré, qui consistent en deux cierges allumés, deux petits pains et deux barils remplis de vin; 10° l'élu consacre avec le pontife officiant, participe à la même hostie et boit à la même coupe; 11° Le consécrateur cède sa place à l'évêque consacré, qui parcourt les rangs des fidèles en distribuant ses premières bénédictions.

DU CHAPEAU DES CARDINAUX

Les cardinaux timbrent leurs armoiries d'un chapeau rouge à larges bords, de chaque côté duquel pend un cordon de soie de même couleur entrelacé en losange et orné de quinze houppes également de même couleur, posées une, deux, trois, quatre à chaque croisement de losange, et les cinq dernières terminant le cordon.

Les cardinaux ne portent le chapeau rouge que depuis 1245, époque à laquelle Innocent IV, fuyant la persécution de l'empereur Frédéric II, se réfugia en France sous la protection de Louis VIII; ce Pontife donna le chapeau de cette couleur aux cardinaux, à la première promotion qu'il fit au premier concile de Lyon, non par vanité, mais pour leur faire connaître que, lorsqu'ils sont élevés à cette dignité, ils doivent toujours être prêts à répandre leur sang pour la défense de la foi.

Le premier de tous les cardinaux qui fut honoré du chapeau rouge par Innocent IV, audit concile, fut Pierre de Colmieu ou de Columiers, dit le cardinal Alban, natif de Champagne[1].

Avant de porter le chapeau rouge les cardinaux portaient la mître. Dès 1300, nous voyons, en Italie, les cardinaux timbrer leurs armoiries du chapeau rouge ; cet usage ne s'introduisait en France que deux siècles plus tard.

Le P. Ménestrier[2] dit que « c'est Tristan de Salazar, Espagnol, archevêque de Sens, qui paraît l'y avoir introduit ; il fit sculpter ses armes en plusieurs endroits de sa métropole, et à Paris à l'hôtel qu'il fit bâtir, quartier Saint-Paul. » Cet archevêque, né en 1442, siégea à Sens de 1474 à 1519.

---

1. VULSON DE LA COLOMBIERE, SCIENCE HÉROÏQUE. Paris, 1669). In-folio, p. 436.

2. ORIGINE DES ARMOIRIES, p. 143.

Le Pape seul peut donner le chapeau de cardinal.

Quand le nouveau cardinal est étranger et ne se trouve pas à Rome, un des camériers du Pape, est chargé de lui porter la barrette, dont le coiffe le nonce du Pape, s'il y en a un dans le pays, ou à son défaut le chef de la nation, ou un archevêque, même un évêque remplit cet office.

Puis il faut que le nouveau cardinal aille à Rome recevoir le chapeau rouge des mains du Souverain Pontife. Cette cérémonie de la remise du chapeau revêt beaucoup de solennité.

A la mort du cardinal le chapeau rouge qu'il portait reste suspendu dans sa cathédrale, jusqu'à la nomination de son successeur au cardinalat.

DU CHAPEAU DES ARCHEVÊQUES

Les archevêques, pour marques de leur dignité, timbrent leur écu d'un chapeau vert à dix houppes de même couleur, disposées sur quatre rangs de chaque côté : une, deux, trois et quatre.

Les archevêques et les évêques se servent d'un chapeau vert entièrement semblable, quand ils font leur entrée solennelle dans leur ville épiscopale, ou se rendent à leur cathédrale pour y officier.

DU CHAPEAU DES ÉVÊQUES

Le chapeau des évêques est vert, comme celui des archevêques, mais il porte un rang de houppes de moins, car ce sont les houppes qui déterminent la hiérarchie. Ces houppes, au nombre de six de chaque côté, sont posées : une, deux et trois.

Sur ce point, Mgr Barbier de Montault s'exprime ainsi : « Tel était l'usage, dès le « commencement du xvie siècle, ainsi que le « montrent deux tombeaux que j'ai remarqués « à Rome, l'un à Sainte-Marie de Monserrato, « d'un évêque espagnol mort en 1506 ; l'autre « à Sainte-Marie-sur-Minerve, d'un évêque de « Burgos, mort sous le pontificat de Jules II[1].»

Le Cérémonial des évêques distingue pour

---

1. DES ARMOIRIES ECCLÉSIASTIQUES, p. 7.

l'évêque deux sortes de chapeaux : l'un de cérémonie, entièrement vert, et l'autre ordinaire, noir avec un dessous vert. A tous les deux le cordon et les glands sont de couleur verte. Le premier chapeau est seul en usage maintenant ; les évêques espagnols se servent encore du second[1]. « L'ancien chapeau à fond « bas et à larges bords *(petasus)* que les Ro- « mains avaient emprunté aux Grecs, ressem- « blait beaucoup aux chapeaux des dignitaires « ecclésiastiques. Il était aussi attaché par « des cordons que l'on nouait sous le menton « ou derrière la tête[2]. »

─────

DE LA MITRE

La mître est un des ornements de l'évêque : il s'en sert aux solennités de l'Eglise. C'est un bonnet élevé, terminé en pointe, ayant derrière deux pendants ou fanons. Elle est le vêtement de gloire et de préservation.

1. Des Armoiries ecclésiastiques, p. 28, note 6.
2. Comte de Longpérier-Grimoard, Bulletin du Bibliophile de Léon Techener, 1875.

« La mître, dit Mgr Barbier de Montault, se
« retrouve sur les armoiries épiscopales dès la
« fin du xve siècle. Elle somme l'écu, et ses
« fanons sont relevés de chaque côté. Je la
« trouve ainsi sur la tombe d'un évêque espa
« gnol, à Sainte-Marie-sur-Minerve, en 1485
« et 1488 ; sur le monument funèbre de deux
« évêques espagnols, à Sainte-Marie de Mon-
« serrato, en 1504 ; sur celui d'un évêque de
« Césène, à Sainte-Marie *in ara Cœli*, et, .en
« 1555, sur la tombe d'un évêque d'Assise,
« à Saint-Marcel.

« Cette coutume, qui régnait en France
« également à la même époque, ne paraît pas
« s'être maintenue, et elle est tellement tombée
« en désuétude qu'aucun évêque italien ne
« timbre ses armoiries de la mître, qu'ailleurs
« on pose, au moins depuis deux siècles, à
« l'angle supérieur et dextre de l'écu pour faire
« pendant à la crosse. »

Le même auteur fait observer « que la mître
« représentée sur les armoiries des évêques
« est toujours la mître précieuse, c'est-à-dire
« à fond blanc, avec broderies et orfrois d'or,
« le tout semé de pierres précieuses. La mître
« canoniale, au contraire, est entièrement

« blanche, sans broderies d'aucune sorte et
« avec des franges rouges aux extrémités des
« fanons[1]. »

————

DE LA CROSSE

La crosse est l'insigne de la dignité épiscopale et le symbole du pouvoir ecclésiastique.

Son origine remonte aux premiers siècles
de l'Eglise ; à cette époque, ce n'était qu'un
simple bâton ; c'est vers le XIIe siècle que
parurent les crosses faites de riches métaux
ornées de fines sculptures et chargées de
pierres précieuses ; au XVIIe siècle, on donna
au crochet la forme cambrée qu'il conserve
de nos jours.

Les prélats ne tiennent la crosse à la main
que lorsqu'ils marchent dans les processions
ou qu'ils donnent leur bénédiction pontificale :
dans toute autre circonstance où ils officient
solennellement, on la porte devant eux ; cet
usage existait déjà en 540, sous saint Césaire
d'Arles. Quand l'évêque officie hors de son

————

1. DES ARMOIRIES ECCLÉSIASTIQUES, p. 10.

diocèse, excepté le métropolitain dans sa province, on porte la crosse crochet en dedans pour signifier que le prélat n'a pas la juridiction ordinaire.

La crosse est un des ornements de l'écu épiscopal; elle se pose en pal sous l'écu et tournée en dehors; vers le XVIIe siècle, elle s'est retirée à l'angle gauche où sa mission est de s'harmoniser avec la mître placée à l'angle droit.

« La raison qui fait placer la crosse en « dehors est d'indiquer que la juridiction épis- « copale s'étend à tout un diocèse, tandis que « la crosse des abbés est tournée en dedans « pour montrer que leur pouvoir ne dépasse « pas l'intérieur d'un monastère. »

DE LA CROIX

Les archevêques, primats ou patriarches, posent, en pal derrière leur écu, une croix tréflée à double traverse, « croix purement de fantaisie, dit Mgr Barbier de Montault, et

1. Comte de Longpérier Grimoard. BULLETIN DU BIBLIOPHILE 1875.

usitée seulement dans l'art héraldique, car
celle que l'archevêque fait porter devant lui
aux fonctions ecclésiastiques est une croix
simple, à une seule traverse[1].

Jadis, la croix que l'archevêque de Paris
posait derrière son écusson était fleurdelysée
au lieu de tréflée.

Les évêques prennent une croix simple
qu'ils posent comme celle des archevêques.
Mgr Barbier de Montault fait observer que les
évêques italiens portent cette croix au lieu de
la crosse et de la mître ; à ce sujet, il s'exprime
ainsi : « Cet usage a pour lui une louable
« antiquité, car je le constate, en 1495, à
« Sainte-Marie-sur-Minerve, sur le tombeau
« d'un évêque de Nicosie, et, en 1504, à
« Sainte-Marie *in ara Cœli,* sur celui d'un
« évêque de Césène[2]. »

DES COURONNES

« La couronne, dit Mgr Barbier de Montault,

1. DES ARMOIRIES ECCLÉSIASTIQUES, p. 12.
2. DES ARMOIRIES ECCLÉSIASTIQUES, p. 12.

« répond à un titre de l'ordre civil : prince, duc
« marquis, comte, vicomte et baron. Autrefois,
« lorsque nos évêques avaient des titres atta-
« chés à leurs sièges, nous comprenions jus-
« qu'à un certain point, qu'ils aient pu adopter
« les insignes de leur dignité purement laïque.
« Mais les choses ayant été modifiées par la
« Révolution, nous rentrons forcément dans le
« droit commun. Or, ce droit est que les ecclé-
« siastiques renoncent à toutes les couronnes
« civiles auxquelles ils pourraient prétendre en
« raison de leur naissance ou de leurs fonc-
« tions de l'ordre temporel. De là découlent
« dans la pratique ces deux applications que le
« titre de comte romain ne suffit pas pour
« autoriser le port d'une couronne analogue,
« et que ceux qui ont rang au Sénat ne sont
« pas autorisés pour cela à prendre une cou-
« ronne et le manteau qui l'accompagne[1]. »

Nonobstant, en France et même en Italie,
un grand nombre d'archevêques et d'évêques
adoptent des couronnes au-dessous du chapeau de leurs armoiries.

En Italie, les cardinaux ne timbrent leurs

---

1. DES ARMOIRIES ECCLÉSIASTIQUES, p. 14.

armoiries que du chapeau rouge, quelles que soient leur naissance et leur dignité, le Pape Innocent X leur ayant défendu par une bulle d'y mettre aucune couronne.

DU PALLIUM

Le pallium est une bande de laine blanche, chargée de petites croix *pattées* noires ; il se porte sur la poitrine.

L'étoffe qui sert à sa confection est tissée de la laine de deux agneaux blancs bénis à Rome, dans l'église de Sainte Agnès, le jour de la fête de cette sainte. Ces deux agneaux sont ensuite gardés dans une communauté de religieuses jusqu'au moment de les tondre.

Les pallium faits de cette laine sont déposés sur le tombeau de saint Pierre, et y restent toute la nuit qui précède la fête de cet apôtre. Ils sont bénits le lendemain, sur l'autel de cette église, et envoyés aux métropolitains et aux évêques qui ont le droit de les porter.

Pendant longtemps, le pallium fut le privilège exclusif des archevêques.

De nos jours, il est conféré, par privilège, à quelques sièges épiscopaux, qui sont actuellement Autun, Clermont, Le Puy et Marseille.

En armoiries, on place généralement le pallium autour de l'écu ; il est représenté sous la forme d'une petite bande d'argent chargée de trois ou de plusieurs petites croix pattées de sable.

DE L'ÉPÉE

Les prélats qui ont le titre de prince temporel ou spirituel portent sous leur écu une épée posée obliquement la pointe en bas et à dextre ; régulièrement elle devrait être posée la pointe en haut.

Nous avons, en France, deux évêques ayant le titre traditionnel de princes : ceux de Saint Jean-de Maurienne et de Tarantaise.

DE LA DEVISE

Presque tous nos prélats actuels ont adopté une devise ; en général, elle a rapport aux meubles de l'écu, ou aux noms de celui qui l'a choisie, ou bien elle est tirée des Livres Saints ; mais toujours elle doit être la personnification de son possesseur.

« La devise s'est généralisée parmi nous, « depuis le Concordat seulement, car aupara- « vant, s'il en existe, ce n'est qu'à l'état « d'exception. En Italie, elle est inconnue[1]. » « Plusieurs évêques italiens, cependant, dit « un auteur français, ont adopté des devises ; « nous citerons entre autres les archevêques « de Verceil, de Milan, l'évêque de Coni et « plusieurs autres qui nous ont envoyé leurs « mandements pour notre travail sur l'épis- « copat. »

———

DES TITRES

Le Pape prend le titre de *Sainteté*.

Les cardinaux celui d'*Éminence,* depuis le pontificat d'Urbain VIII ; précédemment on les traitait d'*Illustrissime.*

Les archevêques celui de *Grandeur.*

---

1. Msr BARBIER DE MONTAULT. DES ARMOIRIES ECCLÉSIASTIQUES, p. 15.

Les évêques celui de *Révérendissime,* d'après
la hiérarchie; mais plus généralement ils prennent le titre de *Grandeur,* comme les archevêques.

Les titres de *patriarche* et de *primat,* qui,
autrefois, emportaient une juridiction réelle,
sont aujourd'hui purement honorifiques.

L'archevêque de Bourges s'intitule *primat
d'Aquitaine;* celui de Lyon, *primat des Gaules;*
celui de Reims, *primat de la Gaule Belgique;*
celui de Rouen, *primat de Normandie;* celui
de Sens, *primat des Gaules et de Germanie;*
celui de Toulouse, *primat de la Gaule nar-
bonnaise;* celui d'Auch, *primat de la Novem-
populanie et des deux Navarres.*

A l'archevêque de Reims est attribué le
titre d'*Excellence,* tombé en désuétude depuis
quelques années, et qu'a fait revivre M⁰ᵣ Lan-
driot en obtenant un décret qui lui conférait
cette dénomination. L'archevêque de Reims
ajoute à son titre de *primat de la Gaule
Belgique* celui de *légat-né du Saint-Siège
apostolique,* comme successeur de saint Remi.
Ces titres avaient été supprimés par le Concordat de 1801 ; en 1822, M⁰ᵣ de Coucy les
avait repris ; pendant dix ans M⁰ᵣ Gousset les

conserva, et les abandonna en 1850, après le concile de Soissons.

———

DU SCEAU

Quelques évêques, au lieu de se composer un écusson héraldique, ont choisi un sceau qui, généralement, est de forme ogivale ou ronde.

D'autres ont adopté l'un et l'autre; dans ce cas, les armoiries du prélat sont gravées dans le bas de leur sceau, pour lui donner un caractère plus authentique.

L'usage des sceaux épiscopaux est fort ancien, car nous voyons que le dernier concile de Tolède, en 694, dit : « Depuis le commen-« cement du carême jusqu'au jeudi-saint, le « baptistaire sera fermé et *scellé du sceau de* « *l'évêque,* et on ne l'ouvrira qu'en cas de « grande nécessité[1].»

———

1. FLEURY. HISTOIRE ECCLÉSIASTIQUE, I. XL, p. 125.

DES ARMOIRIES DES PRÉLATS

Dès qu'un prêtre est nommé définitivement à un évêché, il doit se choisir des armoiries, à moins qu'il n'en ait de famille, et se les composer conformément aux règles héraldiques.

Les armoiries du prélat sont donc, comme le dit M. Taupin d'Auge, « l'expression toute « personnelle, tout individuelle des sentiments « et des idées de celui qui se les est choisies, « car elles ne lui ont été octroyées, imposées « par personne[1]. »

Les armoiries épiscopales ne sont nullement une distinction honorifique, ni un signe de noblesse, elles ont pour but de faire reconnaître le personnage auquel elles appartiennent ; car l'évêque, dès qu'il entre en charge, ne signe plus ses actes de son nom, mais simplement de l'un de ses prénoms, et il y appose le sceau de ses armes.

Si le nouveau prélat est tiré du clergé régulier, il doit joindre à ses armoiries personnelles celles de l'ordre auquel il appartient.

---

1. Armorial de l'épiscopat français.

Il les met à son gré en partie, en chef ou à l'extérieur de l'écu. « Jamais on ne doit s'avi-« ser, dit Mᵍʳ Barbier de Montault, ce que j'ai « pourtant vu en France, de superposer ses « propres armoiries à celles de l'ordre ou de « l'institut auquel on appartenait par sa profes « sion[1]. »

Quelques prélats rappellent, dans leurs armoiries, leur profession antérieure par une représentation quelconque ; d'autres conser-vent le souvenir de leur prédécesseur ou du prélat auprès duquel ils étaient attachés avant leur promotion, en faisant entrer, dans leurs armoiries, une pièce quelconque du blason de ces personnages ; d'autres, enfin, ont choisi des armoiries qui rappellent leur nom : ce sont des armes parlantes.

Les armoiries se placent en tête et à la fin des mandements, circulaires, avis, instructions ou autres documents, manuscrits ou imprimés, afin de faire voir, au premier coup d'œil, de qui ils émanent.

---

1. Mᵍʳ Barbier de Montault. Des Armoiries ecclésiastiques, p. 16.

DES RÈGLES
DE LA COMPOSITION DES ARMOIRIES
DES PRÉLATS

Les cardinaux, comme nous l'avons dit plus haut, somment leur écu d'un chapeau rouge à cinq rangs de houppes. « La Congrégation du « Cérémonial a décidé que les armoiries des « cardinaux n'auraient d'autre distinction que « le chapeau rouge, à l'exclusion de tout autre « insigne nobiliaire, quel qu'il soit, parce que « la dignité cardinalice prime toutes les au- « tres [1]. »

Les archevêques ont droit à une croix à double croisillon et au chapeau vert à quatre rangs de houppes.

De même que les cardinaux, les archevê- que ne doivent faire entrer dans la composition de leurs armoiries ni la mître, ni la crosse, ni aucune couronne.

Les évêques prennent une croix simple et un chapeau vert à trois rangs de houppes. Cette règle, quoique étant la plus ancienne,

---

1. Mgr BARBIER DE MONTAULT. DES ARMOIRIE ECCLÉSIASTIQUES, p. 4.1

n'est pourtant pas absolue, en ce qui est de la croix seulement ; ainsi un évêque peut timbrer son écu d'une crosse, ou y placer à droite la mître et à gauche la crosse, sans commettre une faute contre le droit commun.

Tous les prélats peuvent placer leur écu sur un cartouche, l'accompagner d'une devise, et poser dessous deux branches en sautoir de chène, de laurier, de lys, de rosier, etc., et les décorations dont ils sont honorés.

Mais comme on l'a vu plus haut, ils ne doivent sommer leurs armoiries d'aucune couronne, ni les placer sur aucun manteau sénatorial français ou étranger.

DES AUDITEURS DE ROTE

Les auditeurs de Rote sont douze prélats qui composent, à Rome, le tribunal appelé *Rote*.

Neuf sont nommés par le Pape, les trois autres par les souverains de France, d'Espagne [1] et d'Autriche.

1. Autrefois l'Espagne en avait deux, à cette époque le Pape n'en nommait que huit.

Ducange fait venir le mot *Rote* de *Rota poiphyretica,* parce que le pavé de la salle où les auditeurs s'assemblaient étaient de por-phyre et excuté en forme de roue; selon d'autres auteurs, ce mot vient de ce que ces prélats, lorsqu'ils jugent, se rangent en cercle.

Ces prélats portent la robe violette; les cordons de leur chapeau sont de même cou-leur.

L'auditeur de Rote près la cour de Rome, pour la France, est actuellement Mgr Charles Mourey.

NOTICES SOMMAIRES

SUR

TOUS LES PRÉLATS FRANÇAIS ACTUELS

ET DESCRIPTIONS

DE LEURS ARMOIRIES

AGEN

AGINNUM : Evêché érigé au iiie siècle, suffragant de Bordeaux.

Le département de Lot-et-Garonne forme ce diocèse.

S. G. Mgr CHARLES-EVARISTE-JOSEPH CŒURET-VARIN, né à Bordeaux, le 22 août 1838, nommé évêque d'Agen par décret du 31 décembre 1884, préconisé le 27 mars 1885, sacré le 26 mai suivant, précédemment vicaire général d'Agen.

ARMES : D'argent, au chevron d'azur accompagné en chef de deux lis de gueules, tigés et feuillés de sinople et en pointe d'un

cœur de gueules ; au chef de gueules chargé
d'un lion passant d'argent. Le cœur fait allusion au nom de Mgr Cœuret. S. G. a emprunté les autres pièces à l'armorial de Paris ;
elle a choisi les armes de Pierre Cœuret, joail-
lier de S. A. R. Madame (la Princesse Pala-
tine), épouse de Monsieur, Frère du Roi
Louis XIV et mère de la branche d'Orléans.
(Généralité de Paris, page 63.) De là, proba-
blement les deux branches de lis rappelant
les fleurs de lis de France.

DEVISE : *Cor unum et anima una.*

ATURUM. Evêché érigé dans le vᵉ siècle, suffragant d'Auch.

Le département des Landes forme ce diocèse.

S. G. Mᵍʳ VICTOR-JEAN-BAPTISTE-PAULIN DELANNOY, chevalier de la Légion d'honneur, assistant au trône pontifical, comte romain, né à Templeuve (Nord), le 21 juin 1824, nommé évêque de Saint-Denis (Réunion) par décret du 10 février 1872, sacré le 12 octobre suivant, transféré au siège d'Aire par décret du 10 octobre 1876, préconisé le 18 décembre suivant.

ARMES : Coupé, au 1ᵉʳ d'azur, à une Vierge d'argent, à la treille d'or supportant les armes

de l'église de Saint-Pierre de Lille, qui sont :
parti au 1er, de gueules à deux clefs d'or passées
en sautoir, au 2e d'or, à six rayons d'azur char-
gés en cœur d'un petit écusson d'or ; au 2e
parti au 1er de gueules, à deux trabes d'or passées en sautoir formant croix de Saint André ;
armes de la paroisse de Saint-André de Lille
où le prélat était doyen lorsqu'il fut appelé à
l'Episcopat ; au 2e de sinople, à l'ancre d'argent symbolisant la devise de Monseigneur.
La Vierge est l'image de Notre-Dame de la
Treille, vénérée à Lille, en la paroisse Sainte-
Catherine, dont Mgr Delannoy fut vicaire au
début de son ministère.

DEVISE : *Haec est spes nostra.*

AIX

Aquæ Sextiæ, archevêché érigé dans le 1er siècle.

Les 2e et 3e arrondissements du département des Bouches-du-Rhône forment ce diocèse.

SUFFRAGANTS :

Marseille, Fréjus, Digne, Gap, Ajaccio, Nice.

S. G. Mgr FRANÇOIS-XAVIER GOUTHE-SOULARD, chevalier de la Légion d'honneur, précédemment curé de Saint-Pierre de Vaise, à Lyon. (Les autres renseignements nous manquent quoiqu'ayant été demandés à diverses reprises, au secrétariat du siège).

Armes : De gueules, au Bon Pasteur d'argent nimbé d'or, marchant dans des épines du second émail.

Devise : *Omnibus omnia factus.*

AJACCIO

ADJACENSIS : Evêché érigé aú vi⁰ siècle, suffragant d'Aix.

Le département de la Corse forme ce diocèse.

S. G. Mᵍʳ PAUL-MATHIEU DE LA FOATA, prélat de la maison de Sa Sainteté, assistant au trône pontifical et comte romain, né à Azilone, le 6 mai 1817, nommé évêque d'Ajaccio par décret du 21 août 1877, préconisé dans le consistoire du 21 septembre suivant, sacré à Paris le 11 novembre de la même année, précédemment vicaire général du diocèse.

ARMES : Ecartelé, au Iᵉʳ d'azur, au lion d'or appuyé sur une tour d'argent maçonnée, ouverte

et ajourée de sable ; au 2ᵉ de gueules, à deux
tours d'or jointes par un entremur du même le
tout maçonné et ouvert de sable, surmonté
d'une balance d'argent ; au 3ᵉ de gueules, à une
colonne d'argent surmontée d'une couronne
comtale d'or ; au 4ᵉ de sinople, à une croix
haute de sable soutenue à dextre par un lion
d'or et à senestre par un agneau d'argent.

DEVISE : *Infirma mundi elegit Deus.*

« Le château qui figure dans les armes de
Mᵍʳ de La Foata, est celui des seigneurs feu-
dataires de Bozi, qui forment une des cinq
branches issues, suivant l'historien Filippini,
de Hugues Colonna, seigneur et comte de la
Corse au moyen âge. Ce château fut bâti au
commencement du xivᵉ siècle, par un des
seigneurs du château d'Ornano qui prit dès
lors le nom de Bozi. La tour est celle de la
Foata, construite dans la deuxième moitié du
xviᵉ siècle, par un des seigneurs de Bozi qui
s'appella dès lors de la Foata. La colonne
surmontée d'une couronne de comte indique
la famille Colonna plus connue dans l'histoire
sous le nom de Cinarea, souche des comtes,
barons et seigneurs de divers fiefs, dans la

partie ultramontaine de l'île. Le lion et l'agneau unis au pied de la croix sont un symbole ajouté par le prélat à l'écusson de ses ancêtres et figurent la force et la douceur dont les évêques doivent faire la règle de leur vie [1] ».

ALBY

ALBIGA. Erigé en évêché au iii° siècle, en archevêché, l'an 1676.

Le département du Tarn forme ce diocèse.

SUFFRAGANTS :
Rodez, Cahors, Mende, Perpignan.

S. G. Mgr JEAN-EMILE FONTENEAU, chevalier de la Légion d'honneur, né à Bordeaux, le 14 août 1825, nommé évêque d'Agen par décret du 14 novembre 1874, sacré le 25 janvier 1875, promu à l'archevêché d'Alby par décret du 22 septembre 1884, préconisé le 13 novembre, et installé le 18 décembre 1884.

ARMES : Ecartelé, au 1ᵉʳ de gueules, à deux clés passées en sautoir, l'une d'or l'autre d'argent ; au 2ᵉ d'or, au sacré-cœur de gueules, enflammé du même, entouré d'une couronne d'épines de sinople, surmonté d'une croix de sable ; au 3ᵉ d'or, au cerf élancé et contourné de sable ; au 4ᵉ de sinople, à l'ancre d'argent ; à la croix d'argent brochant sur l'écartelé. Les clés souvenir de Saint-Pierre de Bordeaux, paroisse natale de Monseigneur. Le sacré-cœur rappelle la restauration par S. G. d'une importante congrégation de femmes dite : *Réunion au Sacré-Cœur de Jésus.*

Le cerf dirigé vers le sacré-cœur explique la devise. L'ancre en mémoire du père de Monseigneur qui était capitaine de navire.

DEVISE : *Sicut cervus ad fontes aquarum.*

ALGER

Icosium. Evêché fondé au iiᵉ siècle, rétabli le 9 août 1838, érigé en archevêché le 9 janvier 1867. Le Saint-Siège lui a uni le titre de *Julia Cæsarea*.

La province d'Alger forme ce diocèse.

SUFFRAGANTS :

Constantine, Oran.

S. Em. le cardinal Charles-Martial Allemand Lavigerie, officier de la Légion d'honneur, comte romain, prélat de la maison de S. S. le Pape Léon XIII, membre de la S. C. R. de la Propagande, né à Bayonne (Basses-Pyrénées), le 31 octobre 1825, sacré évêque de Nancy le 22 mars 1863, nommé archevêque d'Alger par décret du 12 janvier 1867, préconisé le 27 mars suivant, archevêque de Carthage, primat d'Afrique, délégué apostolique pour les Missions du Sahara, du Soudan, de l'Afrique équato- riale, de Sainte-Anne de Jérusalem, créé Car- dinal-prêtre du titre de Sainte-Agnès-hors-les- murs dans le consistoire du 27 mars 1882.

ARMES : D'azur, au pélican d'argent, sur son aire au naturel, nourrissant ses petits du second émail, au nombre de quatre ; à la bor- dure d'argent.

DEVISE : *Charitas :* dont le pélican est l'emblême.

AMIENS

AMBIANUM. Evêché érigé dans le IIIe siècle, suffragant de Reims.

Le département de la Somme forme ce diocèse.

S. G. Mgr JEAN-BAPTISTE-MARIE-SIMON JACQUENET, né à Bonnevaux (Doubs), le 3 avril 1816, nommé Evêque de Gap par décret du 13 janvier 1881, sacré le 17 juillet suivant, transféré à l'Evêché d'Amiens par décret du 10 novembre 1883, préconisé le 27 mars 1884 et installé le 28 mai suivant.

ARMES : Ecartelé : au 1er d'azur, semé de billettes d'or au lion du même armé et lampassé de

gueules brochant ; au 2ᵉ d'argent, au dextro-
chère au naturel semant, accompagné de trois
croissettes d'azur en contournement ; au 3ᵉ de
gueules, à une gerbe d'or liée d'argent ; au
4ᵉ d'azur, à deux bourdons d'or passés en sautoir accompagnés de quatre coquilles de
gueules.

Le 1ᵉʳ quartier représente les armes de
Franche-Comté, pays natal de Monseigneur.

Le 2ᵉ quartier fait allusion au temps où
Monseigneur professa au grand séminaire de
Besançon.

Le 3ᵉ quartier représente les armes de
Mᵍʳ Gousset, archevêque de Reims, qui
accueillit le prélat à sa sortie du diocèse de
Besançon.

Le 4ᵉ représente les armes de l'église de
Saint Jacques de Reims où le prélat a été
curé pendant nombre d'années.

Devise : *Quœ seminaverit.*

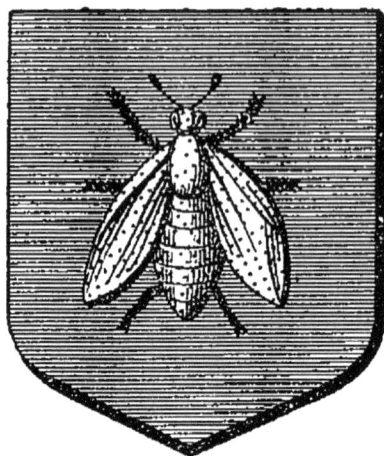

ANDEGAVUM. Evêché érigé dans le 1er siècle, suffragant de Tours.

Le département de Maine-et-Loire forme ce diocèse.

S. G. Mgr CHARLES-EMILE FREPPEL, chevalier de la Légion d'honneur, député, né à Obernai, diocèse de Strasbourg, le 1er juin 1827, nommé évêque d'Angers par décret du 27 décembre 1869, préconisé le 21 mars 1870, sacré à Rome, le 18 avril suivant. Précédemment professeur d'éloquence sacrée à la Sorbonne et doyen de Sainte-Geneviève, à Paris.

ARMES : D'azur, à l'abeille d'or.

DEVISE : *Sponte favos œgre spicula.*

ANGOULÊME

Engolisma. Evêché érigé à la fin du
1er siècle ou au commencement du 11e, suffragant de Bordeaux.

Le département de la Charente, forme ce
diocèse.

S. G. Mgr Alexandre-Léopold Sébaux, né à
Laval, le 7 juillet 1820, nommé Evêque d'Angoulême par décret du 16 décembre 1872, préconisé le 21 mars 1873, sacré à Laval le 4 mai
suivant. Précédemment supérieur du séminaire
diocésain de Laval.

Armes : Ecartelé : aux 1e et 4e de gueules,

au monogramme du Christ d'or ; aux 2ᵉ et
3ᵉ d'azur, à un M gothique d'argent, couronné
du même, et une croix d'or brochant sur le
tout, expliquant la devise.

Devise : *Narrabo nomen eorum fratibus
meis.*

Mᵍʳ l'évêque d'Angoulême, outre ses armoiries, se sert d'un sceau ogival qui représente
la Vierge couronnée et debout ; sous Elle un
évêque agenouillé, crossé et mitré, recevant
de saint Pierre son autorité et sa mission.
Dessous les armes du prélat.

Légende : † *Sig. Al. Leopoldi, epi. Engo-
lismen.*

ANNECY

SVS
TI
NE

ANNECIENSIS. Suffragant de Chambéry. Ce diocèse a succédé à l'ancien diocèse de Genève, qui remontait à l'an 198 de l'ère chrétienne.

L'évêque et le chapitre de la cathédrale, forcés de quitter Genève en 1535, fixèrent leur résidence à Annecy ; le diocèse conserva toujours néanmoins le titre de diocèse de Genève.

Supprimé le 19 novembre 1801 par la bulle : *Qui Christi Domini,* il a fait partie du nouveau diocèse de Chambéry et de Genève jusqu'au

15 février 1822, où il a été rétabli sous le nom de diocèse d'Annecy par la bulle : *Solli-cila catholici gregis.*

Ce diocèse est formé du département de la Haute-Savoie, moins quelques paroisses des cantons d'Alby et de Rumilly, arrondissement d'Annecy, qui appartiennent au diocèse de Chambéry; il comprend en outre le canton d'Ugine, département de la Savoie, arrondissement d'Albertville.

S. G. Mgr LOUIS-ROMAIN-ERNEST ISOARD, né le 19 juillet 1820, à Saint Quentin, diocèse de Soissons, nommé Evêque d'Annecy par décret du 8 mai 1879, préconisé dans le consistoire du 15 mai 1879, sacré le 29 juin de la même année. Précédemment auditeur de rote pour la France.

ARMES : D'or au mot *Sustine* en capitales romaines de sable, divisé en trois syllabes posées l'une sur l'autre.

DEVISE : *Sustine.*

ARRAS

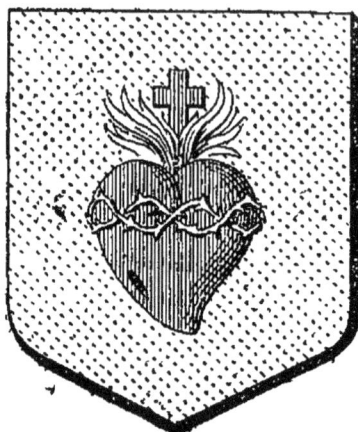

ATREBATUM. Evêché érigé dans le IVᵉ siècle, suffragant de Cambrai.

Le département du Pas-de-Calais forme ce diocèse.

S. G. Mᵍʳ Désiré-Joseph Dennel, assistant au trône pontifical, né à Mons-en-Pevèle (Nord), le 7 mai 1822, nommé Evêque de Beauvais par décret du 12 février 1880, sacré le 1ᵉʳ mai suivant, transféré à l'Evêché d'Arras par décret du 1ᵉʳ juillet 1884, préconisé dans le consistoire du 13 novembre, a pris possession le 16 décembre. Précédemment curé-archiprêtre de Saint-André, à Lille.

ARMES : D'or, au Sacré-Cœur de gueules

enflammé du même, entouré d'une couronne d'épines au naturel, surmonté d'une croix du second émail.

DEVISE : *In veritate et charitate.*

AUCH (SIÈGE VACANT)

AUGUSTA AUSCORUM. Erigé en évêché dans le III⁰ siècle, et en archevêché vers l'an 829. Le département du Gers forme ce diocèse.

SUFFRAGANTS :

Aire, Tarbes, Bayonne.

S. G. Mᵍʳ PIERRE-HENRI GÉRAULT DE LANGA-LERIE, chevalier de la Légion d'honneur, né à Sainte-Foy (Gironde), le 20 août 1810, sacré Evêque de Belley le 1ᵉʳ mai 1857, nommé Ar-chevêque d'Auch par décret du 11 septembre 1871, préconisé le 27 octobre suivant, décédé dans la nuit du 12 au 13 février 1886.

ARMES : De gueules, à la tour d'argent,

crénelée de trois pièces, ouverte de sable, chargée d'une croix du champ potencée et accompagnée de trois molettes d'argent, deux en chef et une en pointe.

DEVISE : *Vince in bono malum.*

AUTUN

Augustodunum. Evêché érigé dans le 11ᵉ siècle, suffragant de Lyon.

Le département de Saône-et-Loire forme ce diocèse.

S. G. Mᵍʳ Adolphe Louis-Albert Perraud, chevalier de la Légion d'honneur, né à Lyon le 7 février 1828, nommé Evêque d'Autun par décret du 10 janvier 1874, préconisé le 4 mai suivant, et sacré à Paris le 29 juin même année. Précédemment prêtre de l'Oratoire et professeur d'histoire ecclésiastique à la Sorbonne, membre de l'Académie française en 1883.

L'Evêque d'Autun est décoré du Pallium, en vertu d'un privilège accordé à ce siège par le pape saint Grégoire le Grand, en 599.

ARMES : D'or, à la croix de gueules, cantonnée au premier canton d'une marguerite
d'azur.

DEVISE : *Pax justitiæ et honor pietatis.*

La marguerite qui figure dans les armes de
S. G. est un souvenir de Mgr de Marguerye,
ancien évêque d'Autun.

L'écu de Mgr Perraud est surmonté d'une
couronne d'épines renfermant la devise : *Iesvs
et Maria imm.* Cette couronne est l'insigne de
la Congrégation de l'Oratoire de Paris, dont
S. G. faisait partie.

AVIGNON

AVENIO. Archevêché érigé dans le xve siècle.
Le département de Vaucluse forme ce dio-
cèse.

SUFFRAGANTS :

Viviers, Valence, Nîmes, Montpellier.

S. G. Mgr Louis-Joseph-Marie-Ange Vigne, né
à Grignan (Drôme), le 15 décembre 1826, nommé
Evêque d'Oran par décret du 1er mars 1876,
sacré le 27 mai suivant, transféré à l'évêché de
Digne par décret du 30 janvier 1880, et promu
à l'Archevêché d'Avignon par décret du 13 janvier 1885, préconisé le 27 mars suivant, et installé le 10 mai 1885 ; a fait son entrée solennelle
le 20 du même mois.

ARMES : D'argent au palmier de sinople enlacé d'un cep de vigne du même, le tout sur une terrasse aussi de sinople ; au canton senestre d'azur chargé d'une étoile rayonnante d'or. La vigne rappelle le nom du prélat.

DEVISE : *In vinculas charitatis.*

CAHORS

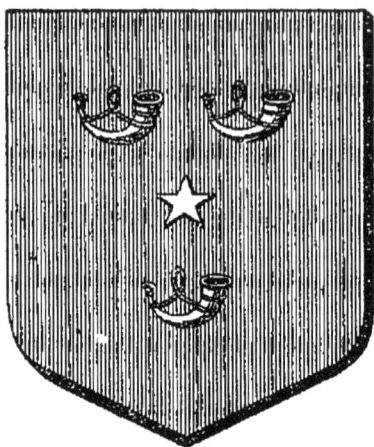

CADURCUM. Evêché érigé au IIIe siècle, suffragant d'Alby.

Le département du Lot forme ce diocèse.

S. G. Mgr PIERRE-ALFRED GRIMARDIAS, chevalier de la Légion d'Honneur, né le 19 septembre 1813, à Maringues (Puy-de Dôme), nommé Evêque de Cahors par décret du 30 décembre 1865, préconisé le 22 juin 1866, sacré le 6 août de la même année. Précédemment chanoine archiprêtre, vicaire général de Clermont.

ARMES : De gueules, à trois cornets d'argent, et une étoile du même, en abîme.

6

CAMBRAI

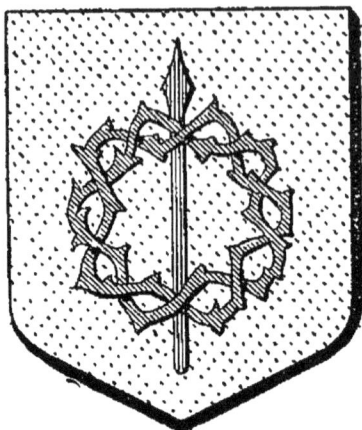

CameRACUM. Evêché érigé dans le 11e siècle ; érigé en archevêché en 1559 ; rétabli comme évêché en 1802 et en archevêché en 1841.

Le diocèse de Cambrai comprend le département du Nord, plus cinq paroisses situées en Belgique.

SUFFRAGANT : Arras.

S. G. Mgr François Edouard Hasley, né à Sainte-Mère-Eglise (Manche), le 11 mars 1825, nommé Evêque de Beauvais par décret du 4 juin 1878, sacré le 21 septembre suivant, promu à l'archevêché d'Avignon par décret du 12 février 1880, et transféré à l'archevêché de

Cambrai par décret du 31 décembre 1884. Précédemment chanoine-curé de Saint-Ouen, à Rouen.

ARMES : D'or, à la couronne d'épines de sinople brochant sur une lance de gueules, posée en pal.

DEVISE : *Nos ergo diligamus.*

CARCASSONNE

CARCASSUM. Evêché érigé au vi⁰ siècle, suffragant de Toulouse.

Le département de l'Aude forme ce diocèse.

S. G. Mgr FÉLIX-ARSÈNE BILLARD, né à Saint-Valery-en-Caux (Seine-Inférieure), le 23 octobre 1829, nommé Evêque de Carcassonne par décret du 17 février 1881, préconisé le 13 mai suivant, sacré à Rouen le 25 juillet de la même année. Précédemment vicaire général du diocèse de Rouen.

ARMES : D'azur, au Saint Pierre pilote,

tenant à dextre une croix haute, et voguant dans une nacelle, le tout d'or, sur une mer d'argent.

DEVISE : *In verbo tuo laxabo rete.* — Explicative des armes.

CHALONS

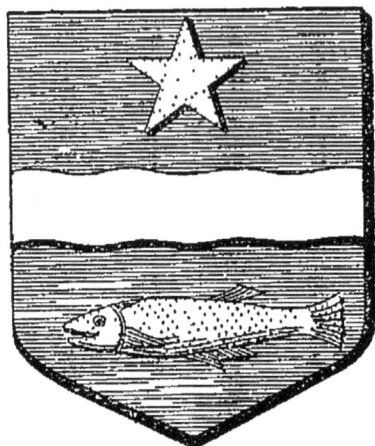

Catalaunum. Evêché érigé dans le 1ᵉʳ siècle, suffragant de Reims.

Le département de la Marne, moins l'arrondissement de Reims, forme ce diocèse.

S. G. Mᵍʳ Guillaume-Marie-Romain Sourrieu, né à Aspet, au diocèse de Toulouse, le 27 février 1825, nommé par décret du 20 septembre 1882, préconisé le 25 du même mois, sacré à Roc-Amadour le 30 novembre, installé le 14 décembre. Précédemment supérieur de plusieurs Maisons de missionnaires.

Armes : D'azur, à une fasce ondée d'argent

accompagnée en chef d'une étoile d'or et en pointe d'un poisson du même posé en fasce.

Devises : *De Aspeclo B. M. de Roc Amador. — In te speravi.*

CHAMBERY

Camberium. Evêché érigé en 1779, archevêché en 1817, compte trois Evêques, cinq Archevêques, dont un fut cardinal, S. E. Alexis Billiet.

Une partie du département de la Savoie, plus quelques paroisses du département de la Haute-Savoie, forment la circonscription de ce diocèse.

SUFFRAGANTS :

Annecy, Tarentaise, Maurienne.

S. G. Mgr François de Sales-Albert Leuillieux, né à Saint-Omer (Pas-de-Calais), le 17 décembre 1823, nommé Evêque de Carcassonne par décret du 16 décembre 1872, préconisé le 21 mars 1873, sacré à Boulogne-sur-Mer le 11 juin 1873. Transféré à l'Archevêché de Chambéry, par décret du 13 janvier 1881, préconisé dans le consistoire du 13 mai 1881, comte romain, prêtre assistant au Trône pontifical. Précédemment desservant de Saint-François-de-Sales, à Boulogne-sur-Mer, et vicaire général honoraire du diocèse d'Arras.

ARMES : D'azur, à un personnage qui est la Foi, vêtu d'argent, la face à demi-voilée, auréolé d'or, accosté de deux agneaux d'argent ; élevant de la main dextre un calice d'or surmonté d'une hostie d'argent rayonnante d'or, et tenant de la main senestre une croix de calvaire d'argent ; le tout sur un quart de globe au naturel.

DEVISE : *In fide et lenitate.*

CHARTRES

CARNUTES. Evêché érigé dans le 1er siècle, suffragant de Paris.

Le département d'Eure-et-Loir forme ce diocèse.

S. G. Mᵍʳ LOUIS EUGÈNE REGNAULT, chevalier de la Légion d'Honneur, né à Charleville, le 21 février 1800, nommé coadjuteur de Chartres, par décret du 14 août 1851, préconisé Evêque d'Euménie *in partibus infidelium* et coadjuteur de Chartres avec future succession, le 15 mars 1852, sacré le 16 mai suivant; Evêque de Chartres le 17 janvier 1853, par la démission de son prédécesseur Mᵍʳ CLAUSEL DE MONTALS.

Armes : D'azur, au Monogramme de la Vierge d'argent, surmonté d'une croix pattée d'or et posé entre une branche de vigne et une tige de blé au naturel, les extrémités passées en sautoir.

Devise : *Misericordia et veritas t. n. d. (te non deserant)*.

CLERMONT

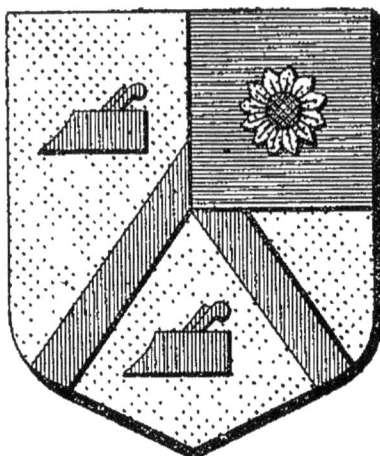

CLAROMONS. Evêché érigé dans le IIIe siècle, suffragant de Bourges, compte 94 évêques.

Le département du Puy-de-Dôme forme ce diocèse.

S. G. Mgr JEAN-PIERRE BOYER, chevalier de la Légion d'Honneur, né à Paray-le-Monial (Saône-et-Loire), le 27 juillet 1829, nommé coadjuteur de Clermont par décret du 8 juin 1878, préconisé Evêque d'Evarie *in partibus infidelium* et coadjuteur de l'Evêque de Clermont, avec future succession, le 15 juillet 1878, sacré le 24 août suivant dans l'église métropolitaine d'Aix, Evêque de Clermont depuis le 24 décembre 1879.

L'Evêque de Clermont est décoré du sacré *Pallium* en vertu d'un privilège personnel accordé par le Pape Léon XIII, dans le consistoire du 3 juillet 1882.

ARMES : D'or, au chevron de gueules accompagné de deux rabots du même, posés : le premier en chef à dextre et l'autre en pointe, au franc-quartier senestre d'azur, chargé d'une marguerite d'or.

DEVISE : *Caritas*.

CONSTANTINE

CIRTA. Evêché rétabli le 24 juillet 1866, suffragant d'Alger.

La province de Constantine forme ce diocèse.

S. G. Mgr BARTHÉLEMY CLÉMENT COMBES, assistant au Trône pontifical, comte romain, chevalier de Saint Grégoire, né à Marseillette, diocèse de Carcassonne, le 29 septembre 1839, nommé évêque de Constantine par décret du 17 février 1881, préconisé dans le consistoire du 13 mai suivant, et sacré à Hippone le 9 octobre de la même année. Précédemment vicaire général d'Alger.

ARMES : De gueules, à la croix d'or cantonnée au 1ᵉʳ et au 4ᵉ d'un pélican d'argent,
sur son aire au naturel, nourrissant ses petits
de même, au nombre de trois.

DEVISE : *In hoc signo vinces.*

COUTANCES

CONSTANTIÆ. Evêché érigé dans le vᵉ siècle, suffragant de Rouen.

Le département de la Manche forme ce diocèse.

S. G. Mᵍʳ ABEL-ANASTASE GERMAIN, Prélat de la Maison de Sa Sainteté, assistant au Trône pontifical, comte romain, né à Saint Sylvain (Calvados), le 1ᵉʳ avril 1833, nommé par décret du 19 novembre 1875, préconisé le 28 janvier 1876, sacré dans la cathédrale de Bayeux, le 19 mars suivant, avait pris possession le 2; précédemment curé archiprêtre de Bayeux.

ARMES : Ecartelé : aux 1ᵉʳ et 4ᵉ de gueules,

à la main bénissante de carnation posée en fasce sur un nimbe crucifère d'or et mouvante d'une nuée d'argent ; au 2ᵉ et au 3ᵉ d'azur, à un M gothique d'argent, couronné du même ; sur le tout d'or, à un saint Michel de carnation vêtu de pourpre, foulant au pied un dragon de sable et le perçant d'une lance de gueules.

Devise : *Auxiliante deo.*

DIGNE

DINIA. Evêché érigé dans le ive siècle, suffragant d'Aix.

Le département des Basses-Alpes forme ce diocèse.

S. G. Mgr FRANÇOIS-ALFRED FLEURY HOTTOT, né le 28 octobre 1831, à Saint Germain-en-Laye, nommé à l'Evêché de Digne par décret du 13 janvier 1885, préconisé le 27 mars suivant, et sacré le 26 mai de la même année. Précédemment vicaire général de Versailles.

ARMES : D'or, à un arbre arraché de sinople, portant trois fleurs de gueules ; au chef d'azur chargé d'un Monogramme du Christ d'argent accosté d'un alpha et d'un omega du même.

DEVISE : *Christo florescit.*

L'arbre fleuré traduit la devise : *Il fleurit pour le Christ* et rappelle le nom du Prélat.

DIJON

Divio. Evêché érigé dans le xviii⁰ siècle, suffragant de Lyon.

Le département de la Côte-d'Or forme ce diocèse.

S. G. Mᵍʳ Victor-Lucien-Sulpice Lécot, né à Montescourt (Aisne), en 1831, nommé Evêque de Dijon par décret du 2 mars 1886, préconisé le 10 juin suivant; sacré à Saint-Antoine de Compiègne le 11 juillet de la même année. Précédemment vicaire à la cathédrale de Noyon et en 1872 curé de Saint-Antoine de Compiègne.

Armes : D'azur, à la croix d'argent, cantonnée : au 1ᵉʳ de deux clous d'or ; au 2ᵉ de deux crosses adossées d'or ; au 5ᵉ d'un tau d'or couronné du même ; au 4ᵉ bandé d'or.

Le 1ᵉʳ canton rappelle le martyre de saint Quentin ; le 2ᵉ souvenir du diocèse de Noyon, où sa grandeur a exercé son ministère ; le 3ᵉ tau d'or couronné de saint Antoine de Compiègne (paroisse royale), dont Monseigneur fut curé ; le 4ᵉ de Bourgogne où se trouve situé le diocèse.

DEVISE : *Nos autem Christi.*

EVREUX

EBROICÆ. Evêché érigé dans le IIIᵉ siècle, suffragant de Rouen.

Le département de l'Eure forme ce diocèse.

S. G. Mᵍʳ FRANÇOIS GROLLEAU, né à Chavagnes-les-Eaux (Maine-et-Loire), le 1ᵉʳ novembre 1828, nommé par décret du 17 mai 1870, préconisé le 27 juin suivant, sacré dans la cathédrale de Tours le 8 septembre, et installé solennellement à Evreux le 14 septembre 1870. Précédemment curé de Saumur.

ARMES : De gueules, à une croix ancrée et

haussée d'or, brochant sur une clef et une houlette d'argent passées en sautoir.

Devise : *Pro Christo, Ecclesia el grege.* — Explique les armes.

FREJUS

Forum Julii. Evêché érigé dans le iv° siècle, suffragant d'Aix.

Ce diocèse est formé du département du Var et de l'arrondissement de Grasse (Alpes-Maritimes).

S. G. Mgr Frédéric Henri Oury, chevalier de la Légion d'Honneur, né à Vendôme (Loir-et-Cher), le 3 mai 1842, nommé Evêque de la Basse-Terre par décret du 31 décembre 1884, préconisé le 27 mars 1885, et sacré le 21 juin suivant, n'a pas pris possession ; transféré à l'Evêché de Fréjus le 4 mars 1886, préconisé le 10 juin 1886. Précédemment aumônier du vaisseau *Le Borda*.

ARMES : De gueules, à une croix haute d'or ; taillé cousu d'azur à une ancre d'argent.

DEVISE : *Utrique fidelis*.

GAP

Vapincum. Evêché érigé dans le 1er siècle, suffragant d'Aix.

Le département des Hautes-Alpes forme ce diocèse.

S. G. Mgr Louis-Joseph-Jean-Léon Gouzot, né à Paleyrac (Dordogne), le 25 février 1827, nommé Evêque de Gap par décret du 10 novembre 1883, préconisé le 27 mars 1884, a pris possession par procureur le 20 mai, sacré le 2 juin dans la cathédrale de Saint-Front, à Périgueux, et intronisé à Gap le 25 juin. Précédemment curé de la cathédrale de Périgueux.

Armes : Losangé d'argent et d'azur à une

croix haute d'or accompagnée en pointe d'un cœur de gueules.

DEVISE : *Quis infirmatur et ego non infirmor*.

GRENOBLE

GRATIANOPOLIS. Evêché existant dans le IVᵉ siècle, suffragant de Lyon.

Le département de l'Isère et le canton de Villeurbanne (Rhône), forment ce diocèse.

S. G. Mˢʳ AMAND JOSEPH FAVA, né à Evin-Malmaison (Pas de-Calais), le 10 février 1826, sacré Evêque de Saint Pierre et Fort-de-France (la Martinique), le 25 juillet 1871, nommé à l'Evêché de Grenoble par décret du 3 août 1875, préconisé le 23 septembre, a fait sa première entrée dans sa ville épiscopale et pris possession de son siège le 18 novembre de la même année.

ARMES : D'azur, à un palmier arraché d'or,

posé entre deux îles d'argent, le tout sur une terrasse de sinople ; adextré d'un Monogramme du Christ d'or et sénestré d'un autre Monogramme d'argent qui est celui de la Vierge.

DEVISE : *Accepit puerum et Matrem ejus.*

LANGRES

LINGONÆ. Evêché érigé dans le IIIᵉ siècle, suffragant de Lyon.

Le département de la Haute-Marne forme ce diocèse.

S. G. Mᵍʳ ALPHONSE-MARTIN LARUE, né à Paris, le 15 mars 1825, nommé par décret du 17 juin 1884, préconisé dans le consistoire du 13 novembre, sacré à Rome, dans l'église de Saint-Louis-des-Français, le 21 décembre suivant ; a fait son entrée solennelle dans sa ville épiscopale le 22 janvier 1885. Précédemment curé de Notre-Dame de Bercy, à Paris.

ARMES : De gueules, à l'agneau pascal d'ar-

gent, la tête contournée et nimbée d'or, soutenant de la patte dextre une croix haute d'or à
laquelle est suspendue une oriflamme d'argent chargée d'une croix de gueules.

Devise : *Super omnia charitatem habete.*

LA ROCHELLE

Rupella. Evêché érigé dans le xviie siècle, suffragant de Bordeaux.

Le département de la Charente Inférieure forme ce diocèse.

S. G. Mgr Pierre Marie Etienne Gustave Ardin, chevalier de la Légion d'Honneur, assistant au Trône pontifical, comte romain, né à Clairvaux, diocèse de Saint Claude, le 26 décembre 1840, nommé Evêque d'Oran par décret du Président de la République du 12 février 1880, préconisé à Rome le 27 février suivant, et sacré dans la chapelle du château de Versailles, le 1er mai de la même année, transféré au siège de La Rochelle par décret du

10 janvier 1884. Précédemment chanoine titulaire de la cathédrale et aumônier du palais de
Versailles

ARMES : De gueules, à la croix de calvaire
d'or posée sur une montagne de six coupeaux
du même, mouvante de la pointe ; au chef
cousu d'azur, semé d'étoiles d'argent.

DEVISE : *Instaurare omnia in Christo.*

LAVAL (siège vacant)

Vallis Guidonis, Valleguidonen. Evêché érigé par une bulle du 30 juin 1855, suffragant de Tours.

Le département de la Mayenne forme la circonscription de ce diocèse.

S. G. Mgr Jules Denys le Hardy du Marais, Prélat de la Maison de Sa Sainteté, assistant au Trône pontifical, comte romain, etc., né à Valenciennes (Nord), le 7 janvier 1833, nommé Evêque de Laval par décret du 29 mai 1876, préconisé dans le consistoire du 26 juin suivant, sacré à Paris le 24 septembre, a pris possession de son siège par procuration le 15 octobre de la même année, *décédé le 22 juin 1886.*

Armes : De sable, semé de billettes d'or,
au lion du même, armé, lampassé et couronné
d'argent, brochant sur le tout.

Devise : *Omnia et in omnibus Christus.*

LE MANS

Cenomanum. Evêché fondé par saint Julien au 1ᵉʳ siècle de l'Eglise, suffragant de Tours.

Le département de la Sarthe forme ce diocèse.

S. G. Mᵍʳ Guillaume-Marie Joseph Labouré, né à Achiet le-Petit (Pas de-Calais), le 27 octobre 1841, nommé par décret du 31 décembre 1884, préconisé le 24 mars 1885, et sacré à Luçon le 31 mai suivant. Précédemment vicaire général d'Arras.

Armes : D'azur, à une croix d'argent chargée en cœur d'un Monogramme du Christ

d'or accosté d'un alpha et d'un omega du
même. [1]

DEVISE : *Crux spes unica.*

---

1. Ces armoiries ne sont pas établies selon les règles absolues du
Blason, car on ne doit jamais, sur un écu, poser métal sur métal, ni
couleur sur couleur.

LE PUY (SIÈGE VACANT)

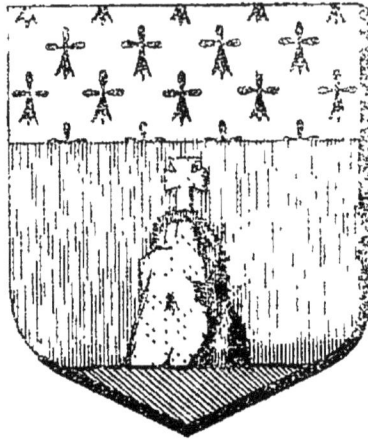

ANICIUM. Evêché érigé dans le 1ᵉʳ siècle, suffragant de Bourges.

Le département de la Haute-Loire forme ce diocèse.

S. G. Mᵍʳ PIERRE-MARC LE BRETON, officier de la Légion d'Honneur, assistant au Trône pontifical, né à Pléven (Côtes-du Nord), le 25 avril 1805, nommé par décret du 16 mai 1863, préconisé le 28 septembre de la même année, sacré le 15 novembre suivant. Précédemment chanoine titulaire et vicaire général de Saint-Brieuc, *décédé le 21 mai 1886.*

L'évêque du Puy est décoré du *Pallium,* en vertu d'un privilège attaché à ce siège.

Armes : De gueules, au menhir d'or surmonté d'une croix du même, le tout sur une
terrasse de sinople; au chef d'hermines, qui
est de Bretagne.

Devise : *Bréloun bepred*.

Cette devise, qui rappelle le nom et la
patrie natale de S. G. Mgr l'évêque du Puy,
est en langue celtique et signifie : *Breton
toujours*.

LIMOGES

Lᴇᴍᴏᴠɪᴄᴇ. Evêché érigé dans le 1ᵉʳ siècle, suffragant de Bourges.

Les départements de la Haute-Vienne et de la Creuse forment ce diocèse.

S. G. Mgr Fʀᴀɴçᴏɪs Bᴇɴᴊᴀᴍɪɴ-Jᴏsᴇᴘʜ Bʟᴀɴɢᴇʀ, chevalier de la Légion d'Honneur, Prélat de la Maison de Sa Sainteté, assistant au Trône pontifical, comte romain, né à Abbeville (Somme), le 19 mars 1829, nommé Evêque de la Basse-Terre par décret du 21 mars 1873, sacré le 29 septembre suivant, transféré à l'Evêché de Limoges par décret du 4 juillet 1883, préconisé le 9 août suivant, a pris possession le 10 octobre de la même année.

ARMES : D'azur, au sautoir d'or accompagné de quatre tiges de roseaux du même.
DEVISE : *Infirma mundi elegit Deus*.

LUÇON

Lucio ou Lucionium. Evêché érigé dans le XIVᵉ siècle, suffragant de Bordeaux.

Le département de la Vendée forme la circonscription de ce diocèse.

S. G. Mˢʳ Clovis-Nicolas Catteau, né à Sains les-Marquion (Pas-de Calais), le 21 mars 1836, nommé par décret du 21 août 1877, préconisé le 21 septembre suivant, et sacré le 21 novembre de la même année. Précédemment vicaire général d'Arras.

Armes : D'azur, à l'agneau pascal d'argent, la tête contournée et coiffée d'un nimbe du même portant un Monogramme du Christ de sable accosté d'un alpha et d'un omega du même ; l'agneau soutenant de la patte dextre une croix haute du second émail à laquelle est suspendue une oriflamme d'or chargée d'une croix de gueules ; au chef parti au 1er d'argent à une étoile à six rais de gueules ; au 2e cousu de gueules à une ancre d'argent posé en bande.

DEVISE : *Oportet illum regnare.*

LYON (SIÈGE VACANT)

Lugdunum. Archevêché érigé dans le
IIe siècle.

Les départements du Rhône (moins le
canton de Villeurbanne) et de la Loire forment ce diocèse.

SUFFRAGANTS :

Autun, Langres, Dijon, Saint-Claude,
Grenoble.

S. E. Mgr Louis Marie Joseph Eusèbe Caverot, officier de la Légion d'honneur, Cardinal-Prêtre de la sainte Eglise romaine, du
titre de la Trinité du Mont, Archevêque de
Lyon et de Vienne, Primat des Gaules, etc. ;

né à Joinville (Haute Marne), le 26 mai 1806, nommé Evêque de Saint-Dié par décret du 16 mars 1849, sacré le 22 juillet suivant, promu à l'archevêché de Lyon, par décret du 20 avril 1876, préconisé le 26 juin, installé le 12 août de la même année dans l'église primatiale de Saint- · Jean-Baptiste. Créé Cardinal le 12 mars 1877, *décédé le 25 janvier 1887.*

ARMES : D'azur, à l'agneau d'argent, coiffé d'un nimbe crucifère d'or sur fond de gueules, laissant échappé d'une blessure au poitrail un flot de sang de gueules dans une coupe d'or, le tout sur un autel d'or dont la table est d'argent; sénestré en chef du Monogramme du Christ d'or.

DEVISE : *Dilectione et pace.*

MARSEILLE

Massilia. Evêché érigé dans le 1er siècle, suffragant d'Aix.

L'arrondissement de Marseille forme ce diocèse.

L'évêque de Marseille est décoré du *Pallium*, en vertu d'un privilège attaché à ce siège, le 1er avril 1851.

S. G. Mgr Jean-Joseph Louis Robert, né à Annonay (Ardèche), le 22 mars 1819, sacré Evêque de Constantine et d'Hippone, le 13 octobre 1872, transféré à l'évêché de Marseille par décret du 13 juin 1878, préconisé le 15 juillet suivant, a pris possession le 29 septembre de la même année. Précédemment vicaire général titulaire de Viviers.

ARMES : De gueules, à un agneau pascal passant, la tête contournée et coiffée d'un nimbe crucifère d'or, brochant sur un palmier de sinople[1] endattée d'or, planté sur une terrasse du 3ᵉ émail et adextré en chef d'un Monogramme du Christ d'or.

DEVISE : *Suavitate et constantia*.

---

1. Même faute héraldique que page 118.

MEAUX

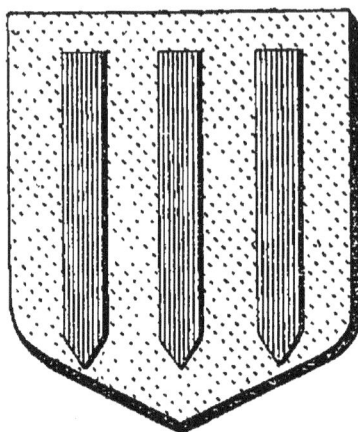

MELDÆ. Evêché érigé dans le iiie siècle, suffragant de Paris.

Le département de Seine-et-Marne forme ce diocèse.

S. G. Mgr Ange Marie Emmanuel de Briey, né à Magné (Vienne), le 10 novembre 1828, nommé coadjuteur de Meaux avec future succession par décret du 12 février 1880. préconisé évêque de Rosea, *in partibus infidelium*, le 28 du même mois, et sacré le 9 mai de la même année; Evêque de Meaux le 30 août 1884. Précédemment de Poitiers.

Armes : D'or, à trois pals alésés de gueules, au pied fiché.

Devise : *Diex me conduie.*

MENDE

MIMATUM. Êvêché érigé dans le 1ᵉʳ siècle, suffragant d'Alby.

Le département de la Lozère forme ce diocése.

S. G. Mᵍʳ JULIEN COSTES, né le 19 octobre 1819, à Savignac (Aveyron), nommé à l'Evêché de Mende par décret du 17 mars 1876, préconisé le 26 juin 1876, sacré le 3 septembre de la même année, dans la cathédrale de Rodez, et intronisé le 6 de ce même mois. Précédemment vicaire général de Rodez.

ARMES : Ecartelé : au 1ᵉʳ et au 3ᵉ d'argent, à un cœur de gueules surmonté d'une croix du même ; au 2ᵉ et 3ᵉ d'azur au cœur de Marie d'argent enflammé de gueules et percé d'un glaive au naturel : à la croix de guueles brochant sur l'écartelé.

DEVISE : *Sic dilexit.*

MONTAUBAN

MONS-ALBANUS. Evêché érigé dans le XIVᵉ siècle, suffragant de Toulouse.

Le département du Tarn-et-Garonne forme ce diocèse.

S. G. Mˢʳ ADOLPHE JOSUÉ-FRÉDÉRIC FIARD, né le 12 décembre 1821, à Lens-Lestang (Drôme), nommé par décret du 1ᵉʳ septembre 1881, institué dans le consistoire du 18 novembre 1881, a pris possession, par procureur, le 22 janvier 1882, sacré dans la cathédrale de Montauban le 25 janvier 1882. Précédemment chanoine titulaire d'Oran.

ARMES : D'azur, à la croix tréflée d'or.

DEVISE : *In cruce spes.*

MONTPELLIER

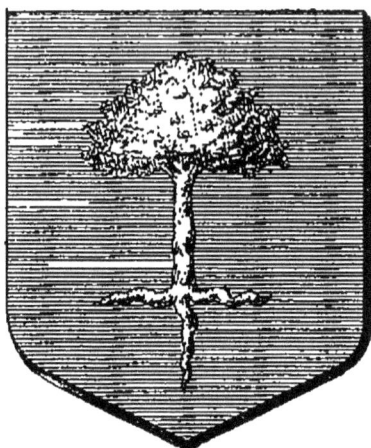

MONS PESSULANUS. Evêché érigé à Maguelone dans le vᵉ siècle, transféré à Montpellier en 1536, suffragant d'Avignon, compte 76 évêques.

Le département de l'Hérault forme ce diocèse.

S G. Mᵍʳ FRANÇOIS MARIE-ANATOLE DE ROVÉRIÉ DE CABRIÈRES,[1] né à Beaucaire (Gard), le 30 août 1830, nommé Evêque de Montpellier

---

1 S. G. Mᵍʳ Rovérié de Cabrières est fils de François-Louis-Henri-Eugène de Rovérié de Cabrières et de dame Marie Yvonne du Vivier de Fay Solignac (Voyez : Louis de la Roque. « Armorial de la Noblesse du Languedoc, Généralité de Montpellier, 1860, in 8, T. Iᵉʳ, p. 455 ; T. II, p. 439). »

par décret du 18 décembre 1873, préconisé le 16 janvier 1874, sacré le 19 mars suivant dans l'église cathédrale de Nîmes. Précédemment chanoine de ladite cathédrale et vicaire général du diocèse de Nîmes.

ARMES : D'azur au chêne arraché d'or et englanté du même.

DEVISE : *Non humore terræ vigebit.*

MOULINS

Molinæ. Evêché érigé dans le xixᵉ siècle, suffragant de Sens.

Le département de l'Allier forme de diocèse.

S. G. Mᵍʳ Pierre Simon - Louis-Marie de Dreux Brézé, né le 2 juin 1811 à Brézé (Maine-et-Loire), nommé par décret du 28 octobre 1849, préconisé le 7 janvier 1850, sacré le 14 avril suivant. Précédemment chanoine honoraire de Paris.

Armes : D'azur, au chevron d'or, accompagné en chef de deux roses d'argent, et en

pointe d'une ombre de soleil du même, *alias*
d'or.

Outre ses armoiries, Mgr l'évêque de Moulins se sert d'un sceau de forme ronde, qui
représente saint Pierre debout présentant
Mgr de Dreux Brézé à la Vierge assise, couronnée et nimbée, tenant l'Enfant Jésus sur
ses genoux. Dans le haut du sceau, au fond à
damier, alterné d'azur et d'or, couleurs de la
maison de Dreux, figure le Sacré-Cœur dans
une couronne d'épines ; le tout sous une triple
arcade gothique. Dessous les armes du
prélat.

Légende : *Sigillum Petri, episc. Molinen.*

La maison de Dreux Brézé établit, par
titres originaux, sa généalogie depuis le milieu du xve siècle. [1]

---

1 Voyez de Courcelles. « Dictionnaire universel de la noblesse de
France. » 1820. In 8. T. Ier, pages 209 et suivantes).

NANCY ET TOUL

Nanceium. Evêché érigé dans le xviiie siècle, suffragant de Besançon.

Le département de Meurthe-et-Moselle forme ce diocèse.

S. G. Mgr Charles François Turinaz, né à Chambéry, le 2 février 1838, assistant au Trône pontifical, Prélat de la Maison de Sa Sainteté, nommé Evêque de Tarentaise le 10 janvier 1873, préconisé le 21 mars, sacré le 11 juin suivant; transféré à l'évêché de Nancy et de Toul le 23 mars 1882, préconisé le 30 mars, a pris possession de son siège épiscopal et a fait son entrée dans sa cathédrale le 1er juin. Précédemment professeur au séminaire diocésain de Chambéry.

Armes : D'or, au cœur de gueules enflammé du même, entouré d'une couronne
d'épines au naturel ; au chef d'argent chargé
d'une croix haute de sable, enlacée d'un cep
de vigne du même, et posée sur une terrasse
de sinople ; au canton d'azur, à l'M gothique
d'or couronnée du même ; l'écu entouré d'une
bordure d'argent (omise sur la gravure ci-
dessus).

Devises : *Svrsvm corda.   Misericordia
et veritas, jvstilia et pax.*

S. G. Mgr Turinaz porte dans ses armes
une croix enlacée d'un cep de vigne, en mémoire de son oncle Mgr Jean-François-Mar-
celin Turinaz, son avant-dernier prédécesseur
au siège de Tarentaise, qui avait pour armoiries : Coupé d'argent et d'azur, à la croix de
gueules entourée d'une vigne.

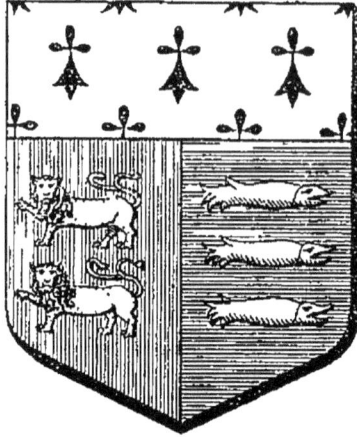

Nannetes. Evêché érigé dans le 1er siècle, suffragant de Tours.

Le département de la Loire-Inférieure forme ce diocèse.

S. G. Mgr Jules-François Le Coq, né à Vire (Calvados), le 8 octobre 1821, sacré évêque de Luçon le 1er mai 1875, nommé à l'évêché de Nantes par décret du 30 juillet 1877, préconisé le 20 août suivant, a pris possession par procureur le 14 septembre, et a fait son entrée dans sa ville épiscopale le 25 du même mois.

Armes : Parti : au 1er de gueules, à deux lions d'or passant l'un au-dessus de l'autre ;

au 2ᵉ cousu d'azur, à trois poissons d'argent posés en fasce ; au chef d'hermines.

DEVISE : *Missus a deo.*

NEVERS

NIVERNUM. Evêché érigé à la fin du IV° siècle, suffragant de Sens.

Le département de la Nièvre forme ce diocèse.

S. G. Mgr ETIENNE-ANTOINE-ALFRED LELONG, né à Châlon sur-Saône, diocèse d'Autun, le 3 décembre 1834, nommé par décret du 21 août 1877, préconisé le 21 septembre et sacré le 21 novembre de la même année, dans l'église cathédrale d'Autun. Précédemment vicaire général d'Autun.

ARMES : De gueules, à un agneau pascal d'argent, au nimbe crucifère d'or, tenant à dextre une croix haute d'or à laquelle est suspendue une oriflamme du second émail chargée d'un Sacré-Cœur de gueules rayonnant du même et surmonté d'une croix de sable ; au canton d'or chargé d'une marguerite au naturel, en souvenir de Mgr de Marguerye, ancien évêque d'Autun.

DEVISE : *Ideo victor quia victima.*

Evêché érigé au iiie siècle, suffragant d'Aix.

Les arrondissements de Nice et de Puget-Théniers (Alpes-Maritimes) forment ce diocèse.

S. G. Mgr MATHIEU VICTOR BALAÏN, chevalier de la Légion d'Honneur, né à Saint-Victor (Ardèche), le 27 mai 1828, nommé par décret du 22 novembre 1877, préconisé le 28 décembre suivant, sacré à Fréjus le 23 février 1878, installé le 10 mars de la même année. Précédemment supérieur du grand séminaire de Fréjus.

ARMES : Parti : au i^{er} d'azur, à la croix de

calvaire d'argent chargée d'une couronne
d'épines au naturel, cette croix brochant sur
une lance du second émail au fer d'or et sur
une hampe aussi d'argent surmontée d'une
éponge d'or, ces deux instruments de la passion posés en sautoir ; le tout sur une terrasse
de sinople ; et en pointe les trois lettres O.
M. I. de sable ; au 2ᵉ d'or à une montagne de
trois coupeaux de sinople posée sur une mer
d'azur, au chef d'argent à trois flammes de
gueules.

Les lettres O. M. I. signifient : *Oblatus
Mariæ immaculatæ* et rappellent que Sa Grandeur a appartenu à la congrégation des Oblats
de Marie.

Les évêques de Nice, sont comtes de
Drap, ancienne seigneurie du moyen âge.

Devises : *Pauperes evangelizantur*, devise
des Oblats de Marie. — *Pro animabus vestris.*

NEMAUSUS. Evêché érigé au plus tard dans le IVᵉ siècle, suffragant d'Avignon.

Le département du Gard forme ce diocèse.

S. G. Mᵍʳ FRANÇOIS-NICOLAS-XAVIER-LOUIS BESSON, né à Baume-les-Dames (Doubs), le 5 octobre 1821, nommé Evêque de Nîmes par décret du 3 août 1875, préconisé le 23 septembre, et sacré dans l'église métropolitaine de Besançon le 14 novembre de la même année, a fait son entrée solennelle dans son diocèse le 25 novembre suivant.

ARMES : Ecartelé : au 1ᵉʳ de gueules, à la croix pattée d'or; au 2ᵉ d'azur, au lion naissant

d'or, lampassé d'argent brochant sur neuf
billettes du même ; au 3ᵉ d'azur, à la colombe
d'or soutenant un philactère d'argent, portant
l'inscription : *S. Johannas,* et adextrée d'une
main bénissante d'or ; au 4ᵉ de gueules, à la
main mouvant du flanc senestre portant une
palme et sortant d'un nuage, le tout d'argent.

DEVISE : *In te domine speravi.*

ORAN

Evêché érigé en 1866, suffragant d'Alger.
La province d'Oran forme ce diocèse.

S. G. Mᵍʳ Géraud Soubrier, né le 13 janvier
1826, au hameau de Falhes (commune de
Badalhac, Cantal); nommé Evêque d'Oran le
2 mars 1886, préconisé le 10 juin, sacré le
2 octobre suivant, dans l'église métropolitaine
d'Alger, par S. E. le cardinal Lavigerie, assisté
de Mᵍʳ Dusserre, archevêque de Damas et
coadjuteur de Son Eminence et de Mᵍʳ Combes,
évêque de Constantine. Ce prélat, qui réside en
Algérie depuis le 20 février 1848, fut successi-
vement chef de maîtrise, vicaire, curé, et en

dernier lieu chanoine-archiprêtre de la métropole d'Alger.

Armes : D'azur, au pélican d'argent, sur son aire au naturel, nourrissant ses petits du second émail, au nombre de trois ; coupé cousu de gueules à un évêque d'argent priant agenouillé sur une plaine de sinople.

Devises : *Charitas.* — *Erigens pauperem.*

Le pélican et la devise *Charitas* en souvenir de S. E. le cardinal d'Alger.

ORLÉANS

Aurelia. Evêché érigé dans le iiie siècle, suffragant de Paris.

Le département du Loiret forme ce diocèse.

S. G. Mgr Pierre-Hector Coullié, Prélat de la Maison de Sa Sainteté, comte romain, assistant au Trône pontifical, né le 14 mars 1829, à Paris, nommé coadjuteur d'Orléans avec future succession, par décret du 23 août 1876, préconisé en cette qualité Evêque de Sidonie *in partibus infidelium*, dans le consistoire du 29 septembre 1876, sacré à Paris, dans l'église métropolitaine, le 19 novembre 1876. Evêque d'Orléans depuis le 12 octobre 1878.

Armes : De gueules, à un buste de saint Nicolas d'or nimbé du même et accosté des lettres S. N. d'argent ; au chef cousu d'azur, à l'étendard de Jeanne d'Arc, sur lequel on remarque le Père Eternel accosté de deux anges agenouillés et les mots : Jésus, Maria.

Devise : *Obedientia et dilectio.*

Les armes de Mᵍʳ Coullié rappellent que Sa Grandeur fut attachée au petit séminaire de Saint-Nicolas, à Paris, où elle fit son éducation sous la direction de Mᵍʳ Dupanloup.

APPAMIÆ. Evêché érigé dans le xiiiᵉ siècle, suffragant de Toulouse. — Patron du diocèse : saint Antonin, martyr.

Le département de l'Ariège forme ce diocèse.

S. G. Mᵍʳ PIERRE-EUGÈNE ROUGERIE, né à Aixe-sur-Vienne, le 25 janvier 1832, nommé Evêque de Pamiers par décret du 17 février 1881, préconisé le 13 mai et sacré à Limoges le 29 juin suivant. Précédemment archiprêtre de Rochechouart, diocèse de Limoges.

ARMES : D'azur, à un Bon Pasteur d'argent

auréolé d'un nimbe crucifère d'or, portant sur ses épaules une brebis du second émail, tenant de la main dextre une houlette d'or et marchant sur des monts de sinople.

DEVISE : *Pascam eas in montibus Israël.*

PARIS

PARISII. Evêché érigé vers l'an 250; en archevêché l'an 1622.

Le département de la Seine forme ce diocèse.

SUFFRAGANTS :

Chartres, Meaux, Orléans, Blois, Versailles.

S. E. Mgr JOSEPH HIPPOLYTE GUIBERT, officier de la Légion d'Honneur, né à Aix le 13 décembre 1802, sacré Evêque de Viviers le 11 mars 1842, transféré à l'archevêché de Tours par décret du 4 février 1857, puis à l'archevêché de Paris par arrêté du chef du pouvoir exécutif du 19 juillet 1871, préconisé le 27 octobre suivant, a pris possession de son siège le 27 novembre de la même année. Créé Cardinal du titre de Saint-Jean devant la Porte Latine, dans le consistoire du 22 décembre 1873, *décédé le 7 juillet 1886.*

ARMES : D'azur, à la croix de calvaire d'argent, en chef, chargée d'une couronne d'épines au naturel ; cette croix brochant sur une lance du second émail au fer d'or et sur une hampe aussi d'argent surmontée d'une éponge d'or, ces deux instruments de la passion posés en sautoir ; le tout sur une terrasse de sinople ; dessous, un agneau d'argent à dextre et un lion d'or à senestre, tous deux en repos ; en pointe, les trois lettres O. M. I. de sable.

DEVISES : *Pauperes evangelizantur. — Suaviter et fortiter.*

Les lettres O. M. I. signifient : *Oblatus Mariæ immaculatæ,* et rappellent que S. E. Mgr le cardinal Guilbert a appartenu à la congrégation des Oblats de Marie. Son Eminence a adopté, pour son écu, la forme *anglaise,* dans laquelle les angles du chef sont évasés. (Non représenté sur la gravure ci-dessus).

S. G. Mgr François Marie-Benjamin Richard, né à Nantes le 1er mars 1819, nommé Evêque de Belley par décret du 16 octobre 1871, préconisé le 22 décembre suivant, sacré le 11 février 1872, nommé coadjuteur de Paris, avec future succession, par décret du 7 mai 1875, préconisé en cette qualité archevêque de Larisse *in partibus infidelium*, dans le consistoire du 3 juillet 1875 ; Archevêque de Paris le 7 juillet 1886.

Armes : D'azur, à l'agneau contourné d'argent soutenant de la patte senestre une oriflamme du même ; au chef d'argent chargé de trois mouchetures d'hermine de sable.

DEVISE : *Faicles sur toules choses que Dieu soyt le mieux aymé.*

Les hermines rappellent la Bienheureuse Françoise d'Amboise, duchesse de Bretagne et carmélite (1427-1485), en qui le Prélat a la plus vive confiance.

L'agneau représente le Sauveur du monde modèle de l'évêque catholique.

PERIGUEUX

PETROCORIUM. Evêché érigé dès l'origine du christianisme dans les Gaules, suffragant de Bordeaux.

Le département de la Dordogne forme ce diocèse.

S. G. Mgr NICOLAS JOSEPH DABERT, chevalier de la Légion d'Honneur, assistant au Trône pontifical, né à Henrichemont (Cher), le 17 septembre 1811, nommé Evêque de Périgueux par décret du 16 mai 1863, préconisé le 28 octobre, sacré à Viviers le 22 novembre suivant. Précédemment vicaire général de Viviers.

Armes : D'azur, à la croix d'or cantonnée de quatre ancres d'argent.

Devise : *Scio cui credidi*.

PERPIGNAN

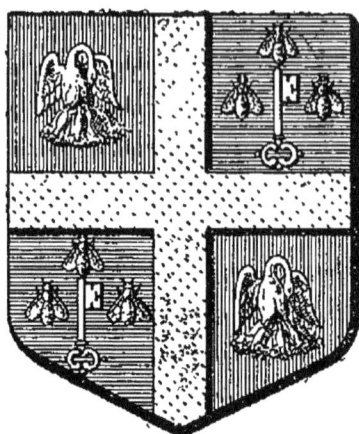

PERPINIANUM. Evêché érigé dans le
vie siècle, suffragant d'Alby.

Le département des Pyrénées-Orientales
forme ce diocèse.

S. G. Mgr Noël - Mathieu - Victor - Marie
Gaussail, né à Beaupuy (Tarn et-Garonne), le
24 décembre 1825, nommé Evêque d'Oran par
décret du 10 janvier 1884, préconisé à Rome le
27 mars suivant, et sacré à Philippeville, dont
il était curé, le 1er mai de la même année, transféré à Perpignan le 10 juin 1886.

ARMES : Ecartelé : au 1er et au 4e de gueules,
au pélican d'argent sur son aire au naturel,

nourrissant ses petits du second émail, au nombre de trois ; au 2ᵉ et 3ᵉ d'azur, à une clef d'argent accompagnée de trois abeilles d'or posées 1 et 2 ; à la croix d'or brochant sur l'écartelé.

DEVISE : *Aperiet cœlum.*

Sa Grandeur a voulu, par les pièces de ses armoiries, consacrer divers souvenirs : le pélican est emprunté à l'écusson de S. E. Mᵍʳ le cardinal-archevêque d'Alger.

La croix d'or, souvenir respectueux de S. G. Mᵍʳ l'évêque de Constantine, qui porte cette même croix dans son écusson.

Enfin la clef et les abeilles, pièces figurant dans les armoiries de la ville de Philippeville, dernière paroisse de Sa Grandeur.

POITIERS

Pictavium. Evêché érigé dans le iiie siècle, suffragant de Bordeaux. Les départements de la Vienne et des Deux-Sèvres forment ce diocèse.

S. G. Mgr Jacques-Edme-Henri-Philadelphie Bellot des Minières, né à Poitiers le 15 novembre 1822, nommé Evêque de Poitiers par décret du 2 décembre 1880, préconisé le 13 du même mois, sacré le 30 janvier 1881. Précédemment vicaire général de Bordeaux.

Armes : D'azur, semé d'étoiles d'or au sautoir alésé d'argent brochant sur le tout.

Devise : *Contra spem in spem.*

CORISOPITUM. Evêché érigé dans le vᵉ siècle, suffragant de Rennes.

Le département du Finistère forme ce diocèse.

Dom ANSELME NOUVEL, de l'ordre de Saint-Benoît de la congrégation du Mont-Cassin, de la primitive observance, né à Quimper le 26 décembre 1814, nommé par décret du 16 octobre 1871, préconisé le 23 décembre, sacré le 4 février 1872. Précédemment religieux bénédictin de la Pierre-qui-vire.

ARMES : Parti : au 1ᵉʳ d'azur, à la croix haute de gueules à double croisillon et po-

tencée, plantée sur une montagne de sinople
de trois coupeaux, et chargée du mot *Pax*
d'argent (ce sont les armoiries de l'ordre des
bénédictins); au 2ᵉ d'argent, au pin d'azur
soutenu par deux cerfs de gueules affrontées,
le tout sur une terrasse de second émail.

DEVISE : *In visceribus Jesu Christi.*

RHEMI. Archevêché fondé dans le 1ᵉʳ siècle, L'arrondissement de Reims (Marne) et le département des Ardennes forment ce diocèse.

SUFFRAGANTS :

Soissons, Châlons, Beauvais, Amiens.

S. E. Mᵍʳ BENOÎT-MARIE LANGÉNIEUX, cheva-lier de la Légion d'Honneur, né à Villefranche (Rhône), le 15 octobre 1824, sacré Evêque de Tarbes le 28 octobre 1873, promu à l'archevêché de Reims par décret du 11 novembre 1874, pré-conisé le 21 décembre suivant, a pris possession de son siège le 2 février 1875. Créé Cardinal dans le consistoire du 7 juin 1886.

ARMES : D'azur, à la croix d'argent potencée cantonnée de quàtre croisettes du même.

DEVISE : *Vivat in me Christvs.*

Outre ses armoiries, S. E. Mgr le Cardinal-Archevêque de Reims fait usage d'un sceau ogival, représentant la Vierge de Lourdes et sous Elle deux Evêques crossés, mitrés et agenouillés ; ces personnages sont : saint Ambroise et saint Augustin ; ils sont accostés l'un et l'autre des trois premières lettres de leur nom, S. A. M. B. *(S. Ambrosius),* S. A. U. G. *(S. Augustinus).* La partie inférieure du sceau est occupée par les armoiries du Prélat, surmontées de la devise : *Sub tuum præsidium.*

Par les deux personnages qu'il fait figurer dans son sceau, Mgr Langénieux rappelle qu'il a été curé des paroisses Saint-Ambroise et Saint-Augustin, à Paris.

RENNES·

Redones. Evêché érigé dans le IIIe siècle, érigé en archevêché par une bulle du 3 janvier 1859 (1).

SUFFRAGANTS :

Vannes, Quimper et Saint-Brieuc.

Le département d'Ille-et-Villaine forme ce diocèse.

S. E. Mgr le Cardinal CHARLES-PHILIPPE PLACE, chevalier de la Légion d'Honneur, né à Paris le 14 février 1814, sacré Evêque de Marseille le

1. Une loi du 14 mai 1859 a autorisé la création d'un archevêché à Rennes, et un décret du 26 mai suivant porte réception de la bulle précitée.

26 août 1866, transféré à l'archevêché de Rennes par décret du 13 juin 1878, préconisé le 15 juillet suivant, a pris possession de son siège le 10 octobre de la même année. Créé Cardinal dans le consistoire du 7 juin 1886.

ARMES : Coupé : au 1er d'azur, à la Vierge d'argent couronnée, portant l'Enfant-Jésus du même ; parti cousu de gueules à l'agneau pascal d'argent, la tête contournée ; au château-fort de sable maçonné d'argent, ouvert et ajouré du champ ; à la fasce d'hermines brochant sur le coupé.

DEVISE : *Tua voluntas Deus.*

RODEZ

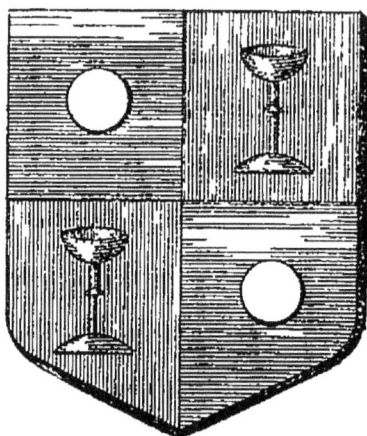

Ruthenæ. Evêché érigé dans le Vᵉ siècle, suffragant d'Alby.

Le département de l'Aveyron forme ce diocèse.

S. G. Mᵍʳ Joseph-Christian-Ernest Bourret, né le 9 décembre 1827, à Labro, près Saint-Etienne-de-Lugdarès (Ardèche), nommé par décret du 19 juillet 1871, préconisé le 27 octobre, sacré le 30 novembre suivant. Précédemment professeur de droit ecclésiastique à la Sorbonne.

Armes : Ecartelé : au 1ᵉʳ et 4ᵉ d'azur, à

l'hostie d'argent; au 2ᵉ et 3ᵉ de gueules, au calice d'or, symbole de l'Eucharistie, force et consolation du chrétien sur la terre.

DEVISE : *Robur et solatium.*

ROUEN

Rothomagus. Archevêché érigé dans le
IIᵉ siècle.

Le département de la Seine-Inférieure forme
ce diocèse.

SUFFRAGANTS :

Bayeux, Evreux, Séez, Coutances.

S. G. Mᵍʳ Léon-Benoît-Charles Thomas,
chevalier de la Légion d'Honneur, assistant au
Trône pontifical, né à Paray-le-Monial (Saône-
et Loire), le 29 mai 1826, nommé Evêque de
La Rochelle et Saintes par décret du 12 janvier
1867, préconisé le 27 mars suivant, sacré à
Autun le 15 mai de la même année, promu à

l'archevêché de Rouen par décret du 10 novembre 1883, préconisé le 24 mars 1884. Précédemment vicaire général titulaire d'Autun.

Armes : Ecartelé : au 1ᵉʳ et 4ᵉ de gueules, à la croix ancrée de sable, bordée d'argent ; au 2ᵉ et 3ᵉ d'azur, à la marguerite d'argent ; sur le tout : d'or, au cœur de gueules enflammé du même, entouré d'une couronne d'épines de sable.

Devise : *Nil fortius, nil dulcius.*

Par la croix, qui est celle du chapitre d'Autun, Mᵍʳ Thomas a voulu rappeler qu'il est originaire de ce diocèse.

La marguerite est un souvenir de Mᵍʳ de Marguerye, ancien évêque d'Autun, et particulièrement de la B. Marguerite-Marie Alacoque qui a vécu et est morte à Paray-le-Monial, lieu de naissance de Sa Grandeur.

SAINT-BRIEUC ET TREGUIER

Briocum (Briocensis et Trecorensis).
Evêché érigé dans le v⁰ siècle, suffragant de
Rennes, compte 86 évêques connus, avec
dates précises ou probables.

Le département des Côtes-du-Nord forme
ce diocèse, qui est divisé en 18 doyennés et
en 48 cantons.

S. G. Mᵍʳ Eugène-Ange-Marie Bouché, chevalier de la Légion d'Honneur, né à Rostrenen
(Côtes du-Nord), le 7 septembre 1828, vicaire
pendant trois ans à Ploubazlanec, entré dans
l'aumônerie de la marine le 25 juin 1859, aumônier supérieur le 31 décembre 1874; chanoine

honoraire de Saint Brieuc et de la Basse Terre et vicaire général honoraire de Séez, nommé à l'évêché de Saint-Brieuc par décret du 20 septembre 1882, préconisé dans le consistoire du 25 septembre 1882, et sacré dans la basilique-cathédrale de Saint-Brieuc le 30 novembre 1882, chanoine d'honneur de Séez, de Rennes et de Vannes.

ARMES : D'hermines, à trois fasces de gueules, un buste de Vierge d'argent couronnée d'or brochant sur le tout.

DEVISES : *Pro Deo, pro Patria. — In Charitate et in pace.*

Les armes de Monseigueur rappellent la Vierge en vénération à Rostrenen, lieu de naissance de Sa Grandeur.

SAINT-CLAUDE

San-Claudium. Evêché érigé en 1742, suffragant de Lyon.

Le département du Jura forme ce diocèse.

S. G. Mgr César-Joseph Marpot, né à Sainte-Agnès (Jura), le 7 novembre 1827, nommé par décret du 30 janvier 1880, préconisé le 27 février, sacré le 30 avril de la même année.

Armes : D'or, à la croix haute tréflée de gueules ; au chef d'azur à deux ancres d'argent posées en sautoir.

Devise : *Spes in cruce*.

SAINT-DIÉ

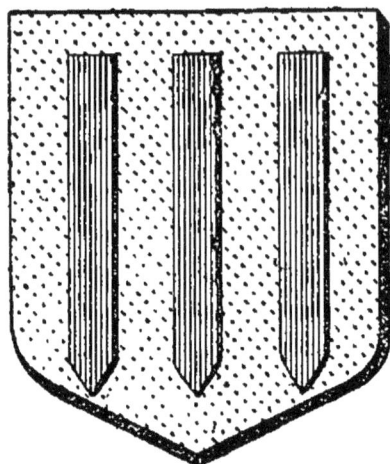

Sᴀɴᴄᴛᴜs Dᴇᴏᴅᴀᴛᴜs. Evêché érigé dans le xvıııᵉ siècle, suffragant de Besançon.

Le département des Vosges forme ce diocèse.

S. G. Mᵍʳ Mᴀʀɪᴇ-Cᴀᴍɪʟʟᴇ Aʟʙᴇʀᴛ ᴅᴇ Bʀɪᴇʏ, né à Magné (Vienne), le 10 novembre 1826, nommé par décret du 20 avril 1876, préconisé le 26 juin suivant, sacré à Poitiers le 24 août, a pris possession de son siège le 16 du même mois, et a été installé le 14 septembre. Précédemment vicaire général de Poitiers.

Aʀᴍᴇs : D'or, à trois pals alésés de gueules au pied fiché.

Dᴇᴠɪsᴇ : *Diex me conduie,*

SAINT-FLOUR

Floropolis. Evêché érigé en 1317, suffragant de Bourges.

Le département du Cantal forme ce diocèse.

S. G. Mgr François-Marie-Benjamin Baduel, assistant au Trône pontifical, né à Oustrac, près Laguiole (Aveyron), le 6 décembre 1818, nommé Evêque de Saint Flour par décret du 15 juin 1877, préconisé le 21 septembre et sacré le 21 novembre de la même année. Précédemment vicaire général honoraire de Mende et de Rodez, curé de Notre-Dame à Villefranche.

Armes : De gueules, au ciboire d'or posé

sur un nuage d'argent, accosté de deux anges du même en adoration; au chef cousu d'azur à un M gothique d'argent couronné du même et accosté de deux étoiles aussi d'argent.

DEVISES : *Iter para tutum. — Factus cibus viatorum.*

SAINT-JEAN-DE-MAURIENNE

Evêché érigé dans le vɪᵉ siècle, suffragant de Chambéry, fait partie du département de la Savoie.

Doit son existence aux reliques de saint Jean-Baptiste qu'on y vénère. Une pieuse vierge du pays, sainte Thècle, les apporta de l'Orient. Pour les honorer saint Gontran, roi de Bourgogne, fit construire la cathédrale et les y plaça. La ville de Maurienne fut érigée en évêché, et eut pour premier évêque saint Felmase. Elle s'appela dès lors Saint-Jean-de-Maurienne, du nom du saint Précurseur.

S. G. Mgr MICHEL ROSSET, né au Bettonnet
(Savoie), le 24 août 1830, préconisé Evêque de
Parium *in partibus infidelium*, avec le titre
d'administrateur apostolique du diocèse de
Maurienne, le 26 juin 1876, sacré le 24 août
suivant, à Chambéry, nommé Evêque titulaire
par décret du 8 novembre 1876, a pris possession de son siège le 17 février 1877. Précédemment directeur et professeur de théologie mo-
rale au grand séminaire de Chambéry.

Les évêques de Saint-Jean de Maurienne
portent, sous leur écu, une épée pour rappeler
leur titre traditionnel de prince d'Aiguebelles.

ARMES : D'azur, à un saint Michel de carnation, les ailes éployées, vêtu d'or et ceint
d'une écharpe de pourpre terrassant un démon
de carnation, aux griffes et aux ailes de
gueules.

DEVISE : *Veritatem facientes in Charitas*

SEEZ

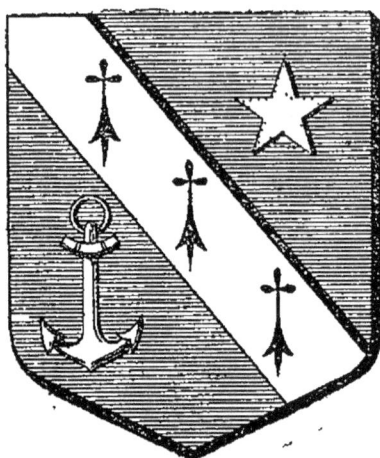

Sagium. Evêché érigé vers la fin du Ier siècle, suffragant de Rouen, compte 80 évêques.

Le département de l'Orne forme ce diocèse.

S. G. Mgr François Marie Trégaro, officier de la Légion d'Honneur, né à Peillac (Morbihan), le 19 juin 1824, nommé coadjuteur avec future succession de Mgr l'Evêque de Séez, par décret du 27 septembre 1881, préconisé évêque titulaire de Dolicha dans le consistoire du 18 novembre 1881, sacré le 25 janvier 1882, installé Evêque de Séez le 31 janvier de la même année.

Précédemment aumônier en chef de la marine, retraité et vicaire général de Vannes.

ARMES : D'azur, à une bande d'argent chargée de trois mouchetures d'hermines de sable, accompagnée en chef d'une étoile d'or et en pointe d'une ancre d'argent.

DEVISE : *Stella Maris spes mea.*

La bande d'hermines rappelle la Bretagne ; l'ancre, la marine dont Sa Grandeur fut aumônier, et l'étoile, Marie étoile de la mer.

SENS ET AUXERRE

SENS. Métropole érigée au 1ᵉʳ siècle, compte depuis saint Savinien, apôtre de cette partie de la France, 112 prélats, dont 19 sont révérés comme saints ; 10 ont été cardinaux, et un, Pierre Roger, a été pape sous le nom de Clément VI.

AUXERRE. Evêché fondé par saint Pèlerin, envoyé dans les Gaules par le pape saint Sixte II. L'église d'Auxerre, qui compte 105 prélats, dont 27 sont révérés comme saints, a été appelée la Sainte Eglise d'Auxerre par le pape Pascal II.

Le département de l'Yonne forme le diocèse de Sens.

Troyes, Nevers, Moulins.

S. E. Mᵍʳ le Cardinal Victor-Félix Bernadou, officier de la Légion d'Honneur, commandeur de l'Ordre d'Isabelle la Catholique, né à Castres (Tarn), le 23 juin 1816, sacré Evêque de Gap le 29 juin 1862, nommé archevêque de Sens par décret du 16 mai 1867, préconisé le 12 juillet, a pris possession de son siège le 3 septembre suivant. Créé Cardinal dans le consistoire du 7 juin 1886. Précédemment vicaire général d'Alger.

Armes : D'or, au palmier de sinople, soutenu à dextre par un levrier de sable colleté d'argent et à sénestre par une brebis d'argent, affrontés, le tout sur une terrasse d'azur.

Devise : *Fide et lenitate*.

Sous l'écu, la décoration de la Légion d'Honneur et celle de l'Ordre d'Isabelle-la-Catholique.

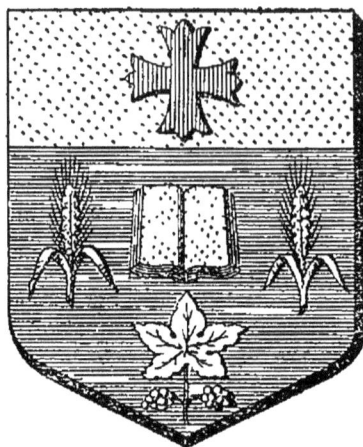

SUESSIONES. Evêché fondé par saint Sixte
et saint Sinice, envoyés, suivant une antique
tradition, par l'apôtre saint Pierre lui-même,
ou, suivant d'autres auteurs, venus dans nos
contrées seulement dans le III⁰ siècle. Suffragant de Reims.

Le département de l'Aisne forme ce diocèse.

S. G. Mᵍʳ ODON THIBAUDIER, chevalier de la
Légion d'Honneur, né à Millery (Rhône), le
30 septembre 1823, assistant au Trône pontifical, comte romain, Prélat de la Maison de
Sa Sainteté, doyen et premier suffragant de la

province de Reims, chanoine d'honneur de Lyon, de Reims et de Verdun, sacré Evêque de Sidonie, *in partibus infidelium*, le 9 mai 1875, nommé à l'évêché de Soissons par décret du 20 avril 1876, préconisé le 26 juin suivant, a pris possession de son siège le 6 août de la même année.

ARMES : D'azur, au livre ouvert d'or accosté de deux épis du même, sous le livre une feuille de vigne de sinople fruitée de deux grappes de raisin de sable ; au chef d'or à la croix fleuronnée de gueules.

DEVISE : *Quæ sunt patris.*

TARBIA. Evêché érigé dans le ive siècle, suffragant d'Auch.

Le département des Hautes - Pyrénées forme ce diocèse.

S. G. Mgr PROSPER MARIE BILLÈRE, né à Bertren (Hautes-Pyrénées), le 10 août 1817, nommé par décret du 20 septembre 1882, préconisé le 25 du même mois, sacré dans l'église cathédrale de Tarbes le 30 novembre suivant. Précédemment curé-doyen de Bagnères-de Bigorre dans le même diocèse.

ARMES : D'azur, à la Vierge d'argent (Notre-Dame de Lourdes), vêtue d'un man-

teau d'or, posée sur un croissant du second
émail, écrasant du pied la tête d'un serpent de
sinople et accompagnée en chef de neuf
étoiles d'argent mises en orle autour d'elle; au
canton sénestre de gueules, au château d'argent ouvert du champ donjonné de trois tours
aussi d'argent, *ce sont les armes de Bagnères
de Bigorre, où le Prélat fut longtemps curé de
Saint-Vincent.*

DEVISE : *Posuit me custodem.*

TARENTAISE

Darantasia ou Tarantasia. Evêché érigé au commencement du Vᵉ siècle (420); archevêché depuis la fin du VIIIᵉ siècle jusqu'à la suppression de tous les évêchés de France en 1802; fut de nouveau érigé en 1825 et déclaré suffragant de Chambéry. Il fait partie du département de la Savoie et compte 80 évêques connus (57 archevêques).

S. G. Mᵍʳ Jean Pierre Pagis, né à Pleaux (Cantal), le 16 juillet 1835, nommé évêque de Tarentaise par décret du 23 mars 1882, préconisé le 29 du même mois et sacré le 29 juin suivant.

Les évêques de Tarentaise portent une épée sous leur écu, en raison de leur titre traditionnel de princes de Conflans et de Saint-Sigismond.

ARMES : D'azur, à une Notre-Dame de Lorette posée sur le toit d'une *sancta casa* enlevée par deux anges, le tout d'argent, au dessus de montagne au naturel ; à la plaine de sinople sur laquelle croît un laurier du même ; au canton de gueules, à la tour d'or ouverte du champ et ajourée de sable, au chef cousu d'azur, chargée de trois trèfles d'or qui est de Salers (Cantal).

DEVISES : *Auspice virgine Lauretana.* — *Respexit humilitatem.*

Lorette est un sanctuaire de Salers, dont Monseigneur était archiprêtre.

TOULOUSE

Tolosa. Erigé en évêché dans le 1ᵉʳ siècle, et en archevêché en 1317.

Le département de la Haute-Garonne forme ce diocèse.

SUFFRAGANTS :

Montauban, Pamiers, Carcassonne.

S. E. Mᵍʳ le Cardinal Julien Florian Félix Desprez, officier de la Légion d'Honneur, né à Ostricourt, diocèse de Cambrai, le 14 avril 1807, sacré Evêque de Saint-Denis de la Réunion le 5 janvier 1851, transféré à Limoges le 19 mars 1857, promu à l'archevêché de Toulouse par décret du 30 juillet 1859, préconisé le 26 septembre suivant. Créé Cardinal du titre des SŠ. Pierre et Marcelin, dans le consistoire du 12 mai 1879.

ARMES : Coupé cousu : au 1ᵉʳ de sinople, à l'ancre d'argent; au 2ᵉ de gueules, à la croix d'or tréflée, parti : d'azur, aux lettres A et M d'or entrelacées.

DEVISE : *Spes nostra firma.*

TOURS

Turones. Archevêché érigé dans le
IIIe siècle.

Le département d'Indre-et-Loire forme ce
diocèse.

SUFFRAGANTS :

Le Mans, Angers, Nantes, Laval.

S. G. Mgr Guillaume-René Meignan, chevalier de la Légion d'Honneur, assistant au
Trône pontifical, né à Denazé, diocèse de Laval,
le 11 avril 1817, transféré à l'évêché de Châlons
à celui d'Arras, le 20 septembre 1882, préconisé
le 25 du même mois, installé le 28 novembre.
Mgr Meignan avait été nommé à Châlons le

17 septembre 1864, préconisé le 27 mars 1865, et sacré à Paris le 1er mai de la même année, promu à l'archevêché de Tours le 25 mars 1884, installé le 27 mai suivant. Précédemment professeur à la Sorbonne, vicaire général de Paris et archidiacre de Saint-Denis.

ARMES : D'azur, à la colombe d'argent portant en son bec un rameau d'olivier de sinople.

DEVISE : *Pax in charitate.*

TROYES

Trecæ. Evêché érigé dans le ive siècle, suffragant de Sens.

Le département de l'Aube forme ce diocèse.

S. G. Mgr Pierre-Louis-Marie Cortet, chevalier de la Légion d'Honneur, né à Château-Chinon le 7 mars 1817, nommé par décret du 3 août 1875, préconisé le 23 septembre suivant, sacré à Paray le-Monial le 30 novembre, et installé le 10 décembre de la même année. Précédemment vicaire général de Nevers et de La Rochelle.

Armes : D'azur, à la croix d'or chargée d'un cœur de gueules enflammé du même, entouré d'une couronne d'épines au naturel et surmonté d'une croix haussée de sable.

DEVISE : *Omnia vincit amor*.

TULLE

Tutela. Evêché érigé dans le xive siècle, suffragant de Bourges.

Le département de la Corrèze forme ce diocèse.

S. G. Mgr Henri-Charles-Dominique Dené-chau, né à Trémentine (Maine-et Loire), le 19 décembre 1832, nommé par décret du 25 octobre 1878, sacré le 1er avril 1879. Précédemment vicaire général à Tours.

Armes : D'or, à une branche de laurier de sinople et une branche de chêne du même passées en sautoir et cantonnées de quatre croisettes de gueules.

Devise : *Simpliciter et confidenter.*

VALENCE

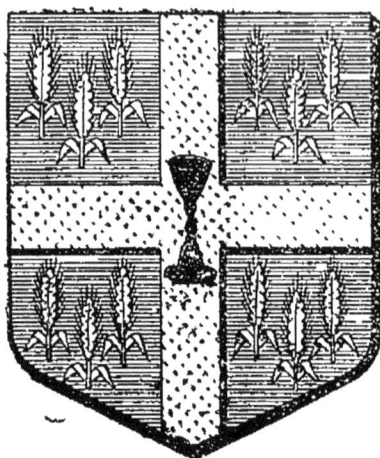

VALENTIA. Evêché érigé dans le IVᵉ siècle, suffragant d'Avignon.

Le département de la Drôme forme ce diocèse.

S. G. Mᵍʳ CHARLES PIERRE-FRANÇOIS COTTON, né à Saint-Siméon-de-Bressieux (Isère), le 3 décembre 1825, nommé par décret du 16 janvier 1875, préconisé le 15 mars suivant, sacré à Grenoble, dans l'église cathédrale, le 1ᵉʳ mai de la même année. Précédemment curé de la cathédrale de Grenoble.

ARMES : D'azur, à une croix d'or chargée

en cœur d'un calice de sable et cantonnée de douze épis d'or, trois dans chaque cantons.

DEVISE : *Omnibus omnia.*

Venetiæ. Evêché érigé dans le ve siècle, suffragant de Rennes.

Le département du Morbihan forme ce diocèse.

S. G. Mgr Jean-Marie Bécel, chevalier de la Légion d'Honneur, né le 1er août 1825, à Beignon (Morbihan), nommé par décret du 30 dé cembre 1865, préconisé à Rome le 22 juin 1866 et sacré à Paris le 25 juillet suivant. Précédem ment curé-archiprêtre de Vannes.

Armes : D'hermines, à la croix d'azur.

Devise : *Caritas cum fide.*

VERDUN

Virdunum. Evêché érigé dans le ive siècle, suffragant de Besançon.

Le département de la Meuse forme ce diocèse.

S. G. Mgr Gonindard, né à Perreux (Loire), nommé Evêque de Verdun par décret du 31 décembre 1884, préconisé le 27 mars 1885, sacré le 10 mai suivant.

Armes : De gueules, à une croix haussée et potencée d'or, posée sur une terrasse de sinople, adextrée d'un lion contourné d'argent et sénestré d'un dauphin du second émail, au chef cousu d'azur chargé d'une étoile d'argent. La croix d'or brochant sur le chef d'azur.

DEVISE : *De cruce ad lucem.*

Le lion rappelle les armes de la ville de Lyon où ce prélat fut pendant vingt-deux ans professeur dans l'Institution des Chartreux ; le dauphin est un souvenir du Forez, berceau de Sa Grandeur ; la croix rappelle que les Chartreux sont nommés les *Prêtres de la Croix* qui apporte au monde la lumière figurée par l'étoile.

VERSAILLES

VERSALIÆ. Evêché érigé dans le XIXᵉ siècle, suffragant de Paris.

Le département de Seine-et-Oise forme ce diocèse.

S. G. Mgʳ PIERRE-ANTOINE-PAUL GOUX, né le 13 mars 1827, à Toulouse, nommé Evêque de Versailles par décret du 14 juillet 1877, préconisé le 21 septembre suivant, sacré à Toulouse le 14 novembre de la même année. Précédemment curé de Saint-Sernin, à Toulouse.

ARMES : De gueules, à la croix vidée, cléchée et pommetée d'or, qui est de Toulouse, soutenue d'une vergette du même, à l'agneau

d'argent passant en pointe, la tête contournée,
brochant sur la vergette ; au chef cousu d'azur
semé d'étoiles d'or.

DEVISE : *In cruce salus*.

VIVIERS

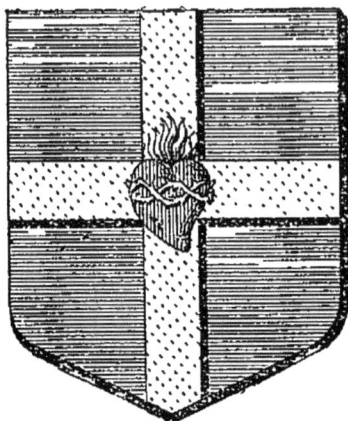

Vivarium. Evêché érigé dans le iiiᵉ siècle, suffragant d'Avignon, compte 95 évêques.

Le département de l'Ardèche forme ce diocèse.

S. G. Mᵍʳ Joseph-Michel Frédéric Bonnet, assistant au Trône pontifical, comte romain, né à Langogne (Lozère), le 29 septembre 1835, nommé par décret du 7 juin 1876, préconisé le 26 du même mois, sacré le 24 août suivant. Précédemment vicaire général de Périgueux.

Armes : D'azur, à la croix d'or chargée d'un cœur de gueules enflammé du même et entouré d'une couronne d'épines au naturel.

DEVISE : *Spes mea*.

Outre ses armoiries Mgr l'Evêque de Viviers fait usage d'un sceau particulier représentant la Sainte Vierge, l'Evêque en prières, accompagné des SS. Front et Privat, patrons de Périgueux.

Les renseignements suivants nous sont parvenus après impression de la notice relative à S. G. Mgr l'Archevêque d'Aix : Mgr Gouthe-Soulard est né à St-Julien-la-Vêtre (Loire), le 1er septembre 1820, il a été nommé Archevêque d'Aix par décret du 2 mars 1886, préconisé le 10 juin suivant et sacré à Lyon le 25 juillet de la même année.

STATISTIQUE

I

Le doyen d'âge des Cardinaux est S. E.
Mᵍʳ Desprez, archevêque de Toulouse, né le
14 avril 1807; des Archevêques, S. G. Mᵍʳ
Place, archevêque de Rennes, né le 14 février
1814; des Evêques, S. G. Mᵍʳ Regnault,
évêque de Chartres, né le 21 février 1800.

Le doyen de promotion au cardinalat est
S. E. Mᵍʳ Desprez, archevêque de Toulouse,
créé dans le consistoire du 12 mai 1879; à
l'archiépiscopat, S. G. Mᵍʳ Bernardou, nommé
archevêque de Sens par décret du 16 mai 1867.

Parmi les Evêques, le doyen de sacre est
S. G. Mᵍʳ de Dreux Brézé, évêque de Moulins, sacré le 14 avril 1850.

Le plus jeune des Cardinaux est S. E. Mgr Allemand-Lavigerie, archevêque d'Alger, né le 31 octobre 1825.

Le plus jeune des Archevêques est S. G. Mgr Dusserre, archevêque de Damas, *in partibus infidelium*, coadjuteur de S. E. le Cardinal-Archevêque d'Alger, né le 30 avril 1833; des Evêques, S. G. Mgr Oury, évêque de Fréjus, né le 3 mai 1842.

II

Nous mentionnerons ici les changements survenus dans le personnel de l'Episcopat français depuis le commencement de l'année 1886.

DÉCÈS

S. G. Mgr Gérault de Langalerie, archevêque d'Auch, † le 26 février 1886.

S. G. Mgr Le Breton, évêque du Puy, † le 20 mai 1886.

S. G. Mgr Le Hardy du Marais, évêque de Laval, † le 20 juin 1886.

S. E. le cardinal Guibert, archevêque de Paris, † le 8 juillet 1886.

S. E. le cardinal Caverot, archevêque de Lyon, † le 25 janvier 1887.

S. G. Mgr Oury, évêque de la Basse-Terre, est nommé évêque de Fréjus ; S. G. Mgr Richard, archevêque de Larisse *in partibus infidelium*, coadjuteur de S. E. le cardinal Guibert, lui succéde à l'archevêché de Paris ; S. G. Mgr Gaussail, évêque d'Oran, est nommé évêque de Perpignan.

S. G. Mgr Gouthe-Soulard est nommé archevêque d'Aix le 2 mars 1886 ; S. G. Mgr Lécot est nommé évêque de Dijon le 2 mars 1886 ; S. G. Mgr Soubrier est nommé évêque d'Oran le 2 mars 1886.

III

Nous comptons, en France, 90 archevêchés et évêchés[1] divisés en 18 provinces ecclésiastiques.

---

1 Y compris les sièges d'Ajaccio, d'Alger, de Constantine, d'Oran, de Saint Denis (Réunion), de la Basse Terre (Guadeloupe), et de Saint-Pierre et Port-de-France (Martinique).

L'archevêché qui a le plus de suffragants est celui de Bordeaux, qui est l'église métropolitaine de 9 diocèses ; celui de Cambrai n'a qu'Arras pour suffragant. Au moment où nous écrivons, quatre sièges sont vacants, ce sont : l'archevêché d'Auch, par suite du décès de S. G. Mgr Gérault de Langalerie ; l'évêché de Laval, par la mort de S. G. Mgr Le Hardy du Marais, l'évêché du Puy, par la mort de S. G. Mgr Le Breton et l'archevêché de Lyon par la mort de S. E. Mgr le cardinal Caverot. Les évêchés de Constantine et d'Oran sont de création nouvelle, ils ont été érigés en 1866 ; Alger a été érigé en archevêché le 9 janvier 1867.

IV

Parmi les pièces qui se représentent le plus fréquemment dans les armoiries des prélats, soit seules, soit en nombre, ou accompagnées d'autres, nous mentionnerons *la croix* : nous en comptons 52 ; les étoiles 13 ; les agneaux, brebis et moutons 11 ; les cœurs 11 ; les lions 8 ; les ancres 8 ; les pélicans 4 ; nous remarquons aussi 7 monogrammes du Christ et 8 de la Vierge ; 3 Bons-Pasteurs, 6 Vierges et 3 calices ou ciboires.

Ces pièces sont, en effet, celles qui conviennent le mieux à l'écu d'un pontife : la croix, symbole de foi ; la brebis, de douceur et de bonté ; l'agneau pascal, qui est l'image du Rédempteur ; l'étoile, qui représente la lumière et la conduite des hommes ; le lion, symbole de force ; l'ancre, d'espérance ; enfin le pélican, qui symbolise le dévouement et l'abnégation.

Nous constatons que seuls, trois prélats n'ont adopté aucune devise ; peut-être ne sont-elles pas parvenues à notre connaissance.

Une seule devise se rapporte au nom du prélat qui l'a choisie, c'est celle de Mgr Le Breton, évêque du Puy, récemment décédé. Un grand nombre se rapporte plus ou moins directement aux meubles des armoiries qu'elles accompagnent. Nous ne remarquons que deux armoiries dont une des pièces rappelle le nom du possesseur et constituent par le fait des *armes parlantes*, ce sont celles de Mgr Cœuret-Varin, évêque d'Agen, où figure un *cœur* de gueules et celles de Mgr Vigne, évêque d'Avignon, dans lesquelles on remarque un *cep de vigne* enlaçant un palmier.

TABLE

DES

NOMS DE FAMILLE DES CARDINAUX

ARCHEVÊQUES ET ÉVÊQUES

Dont les Armoiries sont représentées dans le présent ouvrage.

L. MINEUR

GRAVEUR DE L'ÉPISCOPAT

. 33, Passage Véro-Dodat, 33

PARIS

TABLE DES MATIÈRES

SAINT-QUENTIN, IMPRIMERIE A. BRAY ET Cie.

www.ingramcontent.com/pod-product-compliance
Lightning Source LLC
Chambersburg PA
CBHW070558100426
42744CB00006B/327